ich wottau!

Schweizerdeutsch für fremdsprachige Kinder

Silvia Hüsler
in Zusammenarbeit mit
Ruth Morf-Keller und Margrit Roduner-Lüthi

Herausgegeben vom Verlag KgCH
Verband KindergärtnerInnen Schweiz

ichwottau!

Silvia Hüsler

in Zusammenarbeit mit
Ruth Morf-Keller und Margrit Roduner-Lüthi

**Schweizerdeutsch
für fremdsprachige Kinder**

Herausgegeben vom Verlag KgCH
Verband KindergärtnerInnen Schweiz

Herausgeber: Verlag KgCH
Verband KindergärtnerInnen Schweiz
2. Auflage 1998
Alle Rechte vorbehalten
© Copyright: Verlag KgCH

Autorin: Silvia Hüsler,
in Zusammenarbeit mit Ruth Morf-Keller und Margrit Roduner-Lüthi

Bilder: Silvia Hüsler
Herstellung, Gestaltung: Albin Koller, Berikon
Druck: Bösch Druck, Bremgarten

Auslieferung: Verlag KgCH (Verband KindertgärtnerInnen Schweiz)
SVSF, Bennwilerstrasse 6, 4432 Hölstein, Telefon 061/951 23 31

ISBN 3-908024-07-2

Inhaltsverzeichnis

Vorwort	7

Teil I
Zur sprachlichen Situation
fremdsprachiger Kinder — 9

Fremde Sprachen im Kindergarten	10
Fremdsprachige Kinder	10
Muttersprache als Erstsprache	10
Die fremde Sprache als Zweitsprache	11
Bilinguismus: Zwei Sprachen in der Familie	12
Mutter- und Zweitsprache: Ähnlichkeiten und Unterschiede beim Erwerb	13
Die Zweitsprache ist keine Fremdsprache	14
Schweizerdeutsch oder hochdeutsche Standardsprache?	14

Das Kind im fremden Kindergarten	15
Verlust der neu erworbenen Selbständigkeit	15
Stagnation in der Entwicklung der Muttersprache	15
Als Fünfjährige eine neue Sprache lernen?	16
Auch die Eltern sind fremd	17

Der Prozess des Zweitspracherwerbs	20
Drei Phasen beim Zweitspracherwerb	20
Lernen mit Lernersprachen	21
Die Aufgabe von Kindergärtnerin und Mundartlehrerin	24
Vorsicht mit Korrekturen	26

Teil II
Konkrete Erfahrungen im Alltag — 29

Kindergeschichten zum Zweitspracherwerb	30
Keine Rezepte für individuelle Prozesse	30
Claudia: Ichwottau!	30
Esra: Langes Schweigen	31
Serkan: Lernen nach Launen	31
Paolo: Verweigerung	32
Luigi: Mängel auch in der Muttersprache	33
Benin: Mimik statt Sprache	33
Ayşe: Zuerst das Fremde überwinden	34
Jegan und Kumar: Eine Freundschaft	35

Mit Muttersprachen Brücken bauen	37
Fremde Muttersprachen im Kindergarten	37
Muttersprachliche Ausdrücke im Kindergarten	39
Geschichten und Bilderbücher in jeder Muttersprache	42

Teil III
Didaktische Anregungen
Deutsch lernen im Kindergarten — 43

Deutsch lernen im Kontakt mit andern Kindern	44
Kinder sind die besten Lehrerinnen und Lehrer	44
Stimme hörbar machen	44
Sprache muss gehört werden	45
Spass an Lautmalereien	45
Mitreden können im freien Spiel	46
Interkulturelles Spielmaterial	51

Deutsch lernen am Erlebnis	52
Sprache will erlebt sein	53
Sprache und Rituale	54
Aufregung im Kindergarten	55
Wörter finden im Quartier	57

Deutsch lernen durch Selbermachen	58
Von Hand gemacht – und viel gesprochen: ganzheitlich lernen	58
Kneten, formen, formulieren	59

Schneiden, schnipseln, Schnabel wetzen	60	17 Kinder – und kaum	
Nähen, weben, sticheln	62	ein Wort Deutsch	100
Werken für den Ladentisch	63	Fremdsprachige Kinder in der Mehrheit –	
Schaffen, schütteln, zaubern	65	Bericht einer Kindergärtnerin	100
Kochen, kosten, kommunizieren	68		

Deutsch lernen durch das Medium der Sprache — 71

Fantasieren, fabulieren 71
Geschichten erzählen, Geschichten hören 72
Bilder lesen, Bilder verstehen 74
Rollenspiel und Fingertheater 75
Theaterspielen, Dialoge sprechen 76
Töne jagen, Sprache fangen 77
Sprache zum Anschauen und Anfassen 78
Rhythmus, Reime, Verse und Lieder 80
Sprache mit Bewegungen erleben 82

Sprachförderung in gängigen Unterrichtsthemen — 83

Themenarbeit ist nötig und möglich 83
Die Bremer Stadtmusikanten
erspielen die Zweitsprache 83
Zirkus: Die dumme Augustine
im Kindergarten 86
Zirkus: Augustine
auch im Mundartunterricht 89
Der Nikolaus kommt 90
Liebe/böse Hexe 93

Teil IV
Praxis und Modelle — 97

Deutschsprachige Kinder in der Minderheit — 98
Auch Schweizer Kinder fördern:
Chancen nutzen 98

Babylon in Winterthur –
Kindergärtnerinnenalltag 103
Erfahrungen in Winterthurer Kindergärten 103

Modell 1:
Mundartunterricht als (Zusatz-)Angebot der Kindergärtnerin — 105
Kleingruppe vor und nach dem Unterricht 105

Modell 2:
Mundartunterricht als Angebot der Mundartlehrerin — 107
Kleingruppe bei der Mundartlehrerin 107

Modell 3:
Integrierter Unterricht — 110
Die Förderkindergärtnerin kommt 111

Modell 4:
Zwei Unterrichtssprachen — 113
Variante A: Zweisprachigkeit für alle Kinder 113
Variante B: Zweisprachiger Kindergarten –
eine gemeinsame Sprache 113
Variante C: Mehrsprachiger Kindergarten –
eine gemeinsame Sprache 114

Literaturverzeichnis 115

Vorwort

«Ichwottau!» kann einer der ersten Sätze sein, den ein fremdsprachiges Kind in unserer Mundart ausspricht. Mit diesem Satz kann vieles gemeint sein, was es tun oder haben möchte, immer aber steht dahinter der Wille und der Wunsch dazuzugehören. Damit ein Kind, das ohne Deutschkenntnisse in den Kindergarten eintritt, fähig wird zu dieser Aussage, muss es vieles lernen, Ängste überwinden, sich anstrengen. Es braucht dabei die kompetente Unterstützung der Kindergärtnerin für den Zweitspracherwerb.

Es gibt kaum mehr einen Kindergarten, in dem nicht eines oder gar eine Vielzahl fremdsprachiger Kinder am Unterricht teilnehmen. Dabei kommen meist viele fremde Sprachen zusammen. Kinder und Kindergärtnerin verstehen sich nicht mehr. Wie kann aber ein Unterricht bei solch babylonischen Zuständen durchgeführt werden? Wie kann der Erziehungsauftrag im sprachlichen, aber auch im emotionalen und sozialen Bereich erfüllt werden, wenn keine gemeinsame Sprache vorhanden ist?

Es bleibt nur die Herausforderung: Die Kindergärtnerin muss vom ersten Unterrichtstag an einen Lernprozess in Gang setzen, der zum Ziel hat, dass sich jedes Kind in der Mundart verständigen und am gemeinsamen Unterricht teilhaben kann. Dieser Anspruch grenzt an Überforderung, verändert doch die Tatsache, dass man sich sprachlich nicht verständigen kann, den Unterricht massgeblich.

Um dieser Heraus- oder gar Überforderung entgegenzutreten hat der Verband KindergärtnerInnen Schweiz KgCH ein Lehrmittel geschaffen, das der Kindergärtnerin und Mundartlehrerin Hilfestellungen bietet für den Mundartunterricht. Mit diesem Handbuch soll eine bewusste Förderung angeregt werden, die aber immer einem spielerisch-ganzheitlichen und situativen Ansatz verpflichtet ist. Es ist also kein Lehrbuch, das einen systematischen Fremdsprachenunterricht zum Ziel hat.

Die Autorin, Silvia Hüsler, ist als Kindergärtnerin, Methodiklehrerin und Expertin in Fragen der interkulturellen Pädagogik eine ausgewiesene Fachfrau. In Zusammenarbeit mit Ruth Morf-Keller, Kindergärtnerin, und Margrit Roduner-Lüthi, Mundartlehrerin, ist ein Buch entstanden, das einerseits auf grundsätzliche Fragen zum Zweitspracherwerb Antworten gibt, andererseits zum praktischen Unterricht eine Fülle von Anregungen und Hilfestellungen vermittelt. Das Buch ist in vier Teile gegliedert:

Teil I

In einer theoretischen Darstellung wird deutlich, welche Prozesse ablaufen, wenn ein Kind nicht nur in eine fremde Sprache, sondern auch in eine neue Kultur hineinwachsen soll. Es durchläuft drei Phasen: die des Kennenlernens, die des Akzeptierens sowie eine des Integrierens. Zusätzlich zum Spracherwerb muss das Kind aber auch Anpassungen und Abgrenzungen leisten, die es psychisch und emotional stark herausfordern.

Teil II

Bei jedem Kind verläuft der Prozess des Zweitspracherwerbs individuell. Es werden einige Kinderbeispiele nacherzählt, die die vielschichtige Problematik der sprachlichen Integration anschaulich machen. Sie zeigen auf, dass Sprache und Sprechen immer auch Ausdruck der konkreten Befindlichkeit eines Menschen sind: Ängste und Unsicherheiten, aber auch Vertrautwerden wirken sich oft direkt auf das sprachliche Verhalten aus.

Teil III

Dieser Teil des Buches enthält eine Fülle von didaktischen und inhaltlichen Anregungen zum sprachlichen Unterricht. Alle vorgestellten Themen und Unterrichtsideen sind in jedem Kindergarten durchführbar, beim Unterricht mit fremdsprachigen Kindern aber wird der sprachliche Anteil bewusst ins Zentrum gerückt. Teil III ist also eine eigentliche Materialsammlung von Geschichten, Spielen, Versen, Liedern, Rezepten, Werkanleitungen, Unterrichtsthemen. Diese gehen immer von konkreten Lebenssituationen und Ereignissen aus, die im Kindergarten aktuell sind. Im Anhang findet sich ein detailliertes Inhaltsverzeichnis, das Stichworte liefert zur konkreten Umsetzung im Unterricht.

Teil IV

Der Zweitspracherwerb kann nicht allein im Normalunterricht geleistet werden. Besonders bei einem grossen Anteil ausländischer Kinder ist ein Zusatzunterricht unentbehrlich. Es werden einige Modelle und Massnahmen vorgestellt, die für den Förderunterricht Anwendung finden. Die sprachliche – und das bedeutet auch die kulturelle und soziale – Integration fremdsprachiger Kinder kann nie nur Sache der betroffenen Kindergärtnerin sein. Es müssen Rahmenbedingungen erfüllt sein, damit die Integration gelingen kann: Mundartunterricht muss als Zusatzleistung anerkannt werden, Klassen mit hohem Ausländeranteil dürfen nicht zu gross sein, bei einem Anteil von über 50 Prozent müssen auch für die verbleibenden Schweizer Kinder Angebote geschaffen werden; zudem müssen geeignete Räume und Materialien zur Verfügung stehen.

Mit jedem fremdsprachigen Kind – so die These von Silvia Hüsler – verändert sich der Unterricht. Fantasie, Toleranz, Flexibilität aber auch Wissen sind gefragt. Eine spannende Herausforderung für jede Kindergärtnerin! Das vorliegende Buch hilft, diese anzunehmen und zu erfüllen. Es hilft aber auch, sich auf die Problematik der ausländischen und der (verunsicherten) Schweizer Kinder im gegenseitigen Kennenlernen und Akzeptieren zu besinnen.

Brigitt Loretan-Baumeler,
Mitglied der Verlagskommission KgCH

Teil I
Zur sprachlichen Situation fremdsprachiger Kinder

Fremde Sprachen im Kindergarten

Fremdsprachige Kinder

«Fremdsprachig» nennen wir jene Kinder, die zu Hause eine für uns fremde Sprache sprechen. Sie müssen, um an Spiel und Unterricht teilnehmen zu können, im Kindergarten möglichst schnell die Schweizer Mundart lernen.

Wir vermeiden den Ausdruck «ausländisch», weil nicht alle fremdsprachigen Kinder Ausländer oder Ausländerinnen sind. Wir wollen zudem vermeiden, Kinder, die hier aufwachsen, über ihre nicht schweizerische Staatszugehörigkeit zu definieren. Auch der Begriff «Immigrantenkinder» scheint uns ungeeignet, da fremdsprachige Kindergartenkinder im Regelfall bereits in der Schweiz geboren wurden.

«Fremdsprachigkeit» möchten wir keinesfalls als Makel, sondern als sprachlich-kulturelle Andersartigkeit und Bereicherung auffassen.

Wir können die Familien der fremdsprachigen Kinder in fünf Gruppen einteilen:

• *Ausländische Arbeiterfamilien, die vor allem aus dem Mittelmeerraum von der Türkei bis Spanien kommen.*
Sie machen den weitaus grössten Teil der fremdsprachigen Bevölkerung aus. Als oft ungelernte ausländische Arbeitskräfte haben viele Eltern von fremdsprachigen Kindern ganz unterschiedliche Gründe, weshalb sie in die Schweiz kamen. Häufig war der Grund zur Emigration nicht Wunsch der Familie, sondern die Folge von ökonomischen Problemen. Aus dieser Gruppe gibt es immer mehr Kinder, deren Eltern bereits hier die Schulen besucht haben.

• *Ausländische Familien von internationalen Funktionären, von Kaderleuten internationaler Firmen, von ausländischen Lehrerinnen, Technikern, Professorinnen, Spezialisten.*
Diese Eltern bringen einen Bildungsstand mit, der den Kindern eine gute Integration ermöglicht. Meist ist eine Verständigung auf Deutsch, Englisch oder Französisch möglich.

• *Familien von Asylbewerbern und Personen, die als Flüchtlinge anerkannt wurden.*
Sie kommen zum Teil aus sehr fernen Ländern. Aufenthaltsdauer und Ziele sind oft auch den Familien unbekannt.

• *Familien mit einem deutschsprachigen und einem fremdsprachigen Elternteil.*
Auch wenn in der Familie die fremde Sprache gesprochen wird, wachsen die Kinder mit zwei Kulturen auf. Der Zweitspracherwerb ist für sie einfacher.

• *Familien aus einem andern Sprachgebiet der Schweiz.*
Diese Eltern sprechen und verstehen in der Regel Deutsch und haben einen ähnlichen kulturellen Erfahrungshintergrund.

Muttersprache als Erstsprache

Die Erstsprache oder die Muttersprache ist die Sprache, die (im Normalfall) in der Familie gelernt wird. Obwohl nicht alle Kinder ihre Erstsprache bei der Mutter lernen, möchten wir am Begriff Muttersprache festhalten, weil die Muttersprache für den Menschen nicht einfach eine Sprache von vielen ist. Der Muttersprache kommt eine ganz besondere Bedeutung zu, weil sie in der engen Beziehung zwischen Kind und

Eltern, Grosseltern und Geschwistern erworben wird. Die Kinder lauschen der Muttersprache lange bevor sie den Inhalt verstehen können. Sie hören die Stimmungen, den Sprachrhythmus, die Sprachmelodie, die Betonungen. Sprache ist Spiel und Spass mit den geliebten Personen. Wenn ein Kind seine nahe Umwelt erkundet, lernt es dabei die dazugehörigen Ausdrücke seiner Muttersprache.

Es lernt in der Muttersprache Gedanken zu formulieren und entwickelt seine kognitiven Fähigkeiten. Es kann von Dingen sprechen, die nicht zu sehen sind. Am Familientisch werden Alltagsfreuden und -sorgen besprochen. Die Kinder werden in der Muttersprache gescholten und getröstet. Mit dieser Sprache wachsen die Kinder in die familiäre Kultur hinein. Die Muttersprache ist ein wesentlicher Teil der Identität eines jeden Menschen.

Die Muttersprache im Exil

Kinder, die im Sprachgebiet der Muttersprache aufwachsen, erleben die Sprache ihrer Eltern als sehr vielseitig. Sie hören, wie ihre Eltern die Sprache den Situationen anpassen. Vielleicht fällt die Mutter in einen andern Tonfall bei einem Gespräch mit der Kindergärtnerin als mit dem Garagisten. Die Kinder beobachten und übernehmen die vielen Feinheiten der Sprache, die helfen, sich differenziert auszudrücken.

Die Kinder hören aber auch Sprachunterschiede. Sie beobachten beispielsweise, wie verschiedene Leute der gleichen Sprache unterschiedlich sprechen. Es fällt den Kindern auf, dass die Sonntagsschullehrerin anders erzählt als der Grossvater, dass Mutters Freundin anders schimpft als die Kindergärtnerin. Sie hören die Leute in der Bahn sprechen, ahmen die Verkäuferin nach und den Polizisten.

Fremdsprachige Kinder erleben die Muttersprache nur in der Familie, im engen Freundes- und Bekanntenkreis und natürlich bei Fernsehsendungen und Videos. Die Muttersprache wird zur Familiensprache, die innerhalb der Familie genügt, weil die Dinge, von denen gesprochen wird, allen bekannt sind. Es muss viel weniger erklärt werden als im Gespräch mit Leuten, die ausserhalb der Familie stehen.

Um den Kindern trotzdem eine Vertiefung in der Muttersprache zu ermöglichen, müssen fremdsprachige Eltern sehr bewusst diese Mängel an Vorbildern kompensieren, indem sie die Dinge richtig benennen, Gespräche führen mit ihren Kindern, Geschichten erzählen und sich selber um eine gute und differenzierte Ausdrucksweise bemühen.

Die fremdsprachigen Eltern sind heute bei ihren Kindergartenkindern allein zuständig für die Förderung der Muttersprache. Sie erhalten kaum Hilfe dabei. Mit ganz wenigen Ausnahmen werden erst ab Schulalter Kurse in heimatlicher Sprache und Kultur angeboten, meist aber nur für Kinder der grossen Migrantengruppen.

Die Eltern sind sich zum Teil nicht bewusst, wie wichtig die Förderung der Muttersprache für die allgemeine Entwicklung ihrer Kinder sowie für den Zweitspracherwerb ist. Da die Kinder Deutsch lernen müssen, wird die Sprachförderung in der Muttersprache oft vernachlässigt.

Die fremde Sprache als Zweitsprache

Für fremdsprachige Kinder wird Schweizerdeutsch zur Zweitsprache. Sie ist die Sprache der weiteren Umgebung, des Kindergartens, der Schule, in den Läden, vielleicht der Nachbarn.

Die Zweitsprache wird im Kindergartenalter vor allem im Kontakt und im Spiel mit den anderen Kindern und mit der Kindergärtnerin gelernt. Die Kinder wollen wissen, was die andern sagen, sie wollen sich mitteilen, Freundschaften schliessen, sich wehren, erfahren, warum ein Kind weint. Sie sind sich nur zum kleinsten Teil bewusst, dass sie jetzt «Sprache» lernen. Kontakt und Spiel stehen im Vordergrund. Interessanterweise erinnern sich viele Leute daran, wie sie als fremdsprachige Kinder im Kindergarten zuerst kein Wort Schweizerdeutsch verstehen und sprechen konnten, sie erinnern sich aber nicht daran, wie sie die Zweitsprache gelernt haben.

Wenn Kinder im Kindergarten Schweizerdeutsch lernen, verfügen sie bereits über Spracherfahrungen in ihrer Muttersprache. Im Unterschied zum ganz kleinen Kind, das in seiner Muttersprache sprechen lernt, sind die Kinder jetzt entwicklungspsychologisch so weit, dass sie erkennen können, welche Funktionen die Sprache hat. Sie haben erfahren, dass Gegenstände benannt werden. Man kann dabei hören, ob es sich um einzelne oder mehrere handelt. Vielleicht hört man auch, wem diese Gegenstände gehören und ob sie klein oder gross, hübsch oder hässlich sind. Sie hören, ob sich das Gesagte auf jetzt, später oder gestern bezieht.

Muttersprache als Hilfe für die Zweitsprache

Die Erfahrungen aus der Muttersprache sind für das Erlernen der Zweitsprache sehr wichtig. Die Kinder können auf diesen Erfahrungen aufbauen. Daher spielt es eine grosse Rolle, wie gut ein Kind seine Sprache entwickeln konnte. Kinder, die bereits über einen reichen und differenzierten Wortschatz in ihrer Muttersprache verfügen, haben es wesentlich einfacher, eine Zweitsprache zu lernen.

Wenn ein Kind Begriffe wie «Zange», «Hammer», «Schraubenzieher» in seiner Muttersprache kennt, fällt es ihm leichter, die entsprechenden Wörter auch in Schweizerdeutsch zu lernen, da ihm der Sinn bekannt ist. Fehlen die Erlebnisse und die Begriffe in der Muttersprache, muss das Kind die Bedeutung der Wörter zuerst erfahren und die schweizerdeutschen Ausdrücke lernen. Noch schwieriger ist es, mit Kindern einen abstrakten Wortschatz in der Zweitsprache aufzubauen, wenn die entsprechenden Ausdrücke in der Muttersprache fehlen.

Die Entwicklung der Muttersprache wird in der Familie gefördert, indem sich die Eltern oder weitere Bezugspersonen dem Kind zuwenden, mit ihm sprechen, seine Sprachversuche erweitern und dem Kind ermöglichen, in vielen verschiedenen Situationen Sprache zu erleben. Das Sprachvorbild spielt dabei eine wichtige Rolle. Wird in einer Familie und mit dem Kind wenig gesprochen, kann es seine Sprache nicht differenzieren, der Wortschatz bleibt ganz eng (restringiert). Das trifft auch dann zu, wenn die Dinge nur ansatzweise benannt werden, weil man innerhalb der Familie versteht, was gemeint ist mit: Hole mir das Ding! Willst du von dem? Hast du das Zeugs erledigt?

Bilinguismus: Zwei Sprachen in der Familie

Wenn Kinder innerhalb der Familie mit zwei verschiedenen Sprachen aufwachsen, weil beispielsweise der Vater Deutsch und die Mutter Russisch spricht, so reden wir von Bilinguismus. Die Kinder lernen gleichzeitig zwei Sprachen mit all ihren Schwingungen und Betonungen verstehen, später auch sprechen.

Um den Kindern das Auseinanderhalten der beiden Sprachen zu erleichtern hat der französische Sprachforscher Ronjat 1913 eine noch heute beachtete Regel empfohlen: Une personne – une langue. Mutter und Vater sollen, wenn immer möglich, mit dem Kind in «ihrer» Sprache sprechen, damit das Kind die Sprache mit der entsprechenden Person identifizieren kann.

Wenige Kinder haben grosse Probleme mit den zwei Sprachen. Je nach Dauer und Intensität der Beziehung, in der das Kind die eine oder andere Sprache hört, werden sich die beiden Sprachen unterschiedlich entwickeln. Es gibt auch Kinder, welche die Sprache des Vaters verstehen, sie aber selber nicht sprechen, andere wiederum wollen neue Begriffe immer in beiden Sprachen kennenlernen. Wird mit einem Kind in beiden Sprachen viel gesprochen, hört es Geschichten oder wird bei Tisch viel erzählt, so können die zwei Sprachen sehr anregend aufeinander wirken. Die Kinder beginnen die Sprachen zu vergleichen und erfinden Sprachspiele.

Es gibt aber auch Kinder, die durch Mehrsprachigkeit verunsichert und in ihrer Sprachentwicklung gehemmt werden. Das trifft oft dann zu, wenn in der Familie und mit den Kindern wenig gesprochen wird und sie in keiner Sprache genügend Anregungen und Bestätigungen erfahren.

Bilingual werden auch jene Kinder, die von ganz klein auf im täglichen Kontakt mit weiteren wichtigen Bezugspersonen stehen, welche eine andere Sprache sprechen, sei es in einer Kinderkrippe oder bei einer Tagesmutter.

Mutter- und Zweitsprache: Ähnlichkeiten und Unterschiede beim Erwerb

Kindergartenkinder lernen die Zweitsprache auf ähnliche Art, wie sie die Muttersprache erworben haben. Der Spracherwerb ist ihnen meistens nicht bewusst. Sie wachsen mit den andern Kindern spielend und werkend, streitend und lachend in die neue Sprache hinein. Trotzdem gibt es wesentliche Unterschiede zwischen dem Erlernen der Muttersprache und der Zweitsprache.

Die Muttersprache wird im engen, meist zärtlichen Kontakt zur Bezugsperson erworben. Wenn die kleinen Kinder ihre ersten Worte in der Muttersprache sagen, freuen sich die Eltern und Geschwister. Jedes neu dazu gelernte Wort wird mit Freude aufgenommen. Die Eltern lachen wohlwollend über lustige Fehler bei der Aussprache und erzählen diese stolz weiter. Die einzelnen Wörter oder Sätze werden, auch wenn sie unvollständig sind, von den Eltern verstanden. Die Aussagen werden in einen Zusammenhang gebracht und erweitert. Ein Kind sagt «Zug» und die Mutter ergänzt: «Ja, da fährt der Zug vorbei. Schau, jetzt kommt der Zug.»

Beim Zweitspracherwerb im Kindergarten fallen dagegen vor allem die Mängel auf. Für die Kindergärtnerin und die andern Kinder ist es erschwerend und mühsam, wenn ein Teil der Klasse kein Deutsch versteht. Fremdsprachige Kinder werden immer wieder an ihrem Defizit gemessen, am fehlenden Deutsch: «Das Kind kann nicht reden.» – «Das Kind macht viele Fehler.» – «Man versteht es nicht.» – «Es versteht nur, was es will!»

Auch wenn sich alle ob den kleinen und grossen Fortschritten im Deutsch eines Kindes freuen, so fällt doch immer wieder ins Gewicht, wieviel noch fehlt, bis es richtig Schweizerdeutsch spricht. Die Fehler fallen viel schneller auf als die Fortschritte!

Um die Muttersprache zu lernen haben kleine Kinder viel Zeit. Stundenlang üben sie Laute und Geräusche und belustigen sich an den Tönen, die sie selber produzieren. Eltern und Geschwister wiederholen aus lauter Spass sprachfördernde Situationen, indem sie das Gesicht hinter einem Tuch verstecken, beim Hervorschauen «da-da» rufen und dies auf Wunsch des kleinen Kindes viele Male wiederholen. Auf den Knien des Grossvaters will ein Kind nochmals und nochmals zum immer gleichen Vers reiten. Später wiederholen die Kinder unermüdlich Wörter und Sätze, drehen sie um, verändern sie, sagen sie von neuem.

Welches Kind hat beim Erlernen der Zweitsprache schon so viel Zeit, Spass, Geduld und Eigeninitiative?

Beim Mutterspracherwerb wird die Zeit nicht von aussen festgelegt. Parallel zur geistigen, körperlichen und sozialen Entwicklung lernen die Kinder ihre Muttersprache. Ein Kind sagt dann die ersten Wörter, wenn es in seiner gesamten Entwicklung dazu bereit ist. Niemand kann ihm befehlen, beim Turmbau Sätze zu bilden oder beim Puppenspiel die Möglichkeitsform anzuwenden. Beim Zweitspracherwerb ist die Zeit begrenzt: Kindergärtnerin und Kindergartenkommission, die spätere Lehrerin, die Eltern und die Kinder selber kennen das Ziel: möglichst schnell richtig Schweizerdeutsch können. Die hohen Erwartungen, das klare Ziel, daneben die hörbaren Fehler, lassen die Zeit leicht vergessen, welche ein Kind brauchen würde, um sich in die neue Sprache hineinzuleben.

Der Zweitspracherwerb entspricht nicht der Entwicklung des Kindes. Es muss sich auf Deutsch mit viel einfacheren Sätzen und Wörtern behelfen, die nicht seiner intellektuellen Entwicklung entsprechen.

Die winzig kleine Kirche

Zwei Kinder – sie mochten etwa dreijährig sein – sassen im Bus vor mir. Sie machten sich lustig über alles, was sie vom Fenster aus sehen konnten: «Schau, der winzig kleine Mann!», lachten sie. «Das winzig kleine Haus!» «Das winzig kleine Tram!» «Die winzig kleine Kirche!» Das selbsterfundene und selbstauferlegte Sprachtraining, das die Kinder sehr zu erheitern schien, dauerte bis zur Endstation, also gut zwanzig Minuten lang.

Die Zweitsprache ist keine Fremdsprache

Fremdsprachen nennen wir jene Sprachen, die als Schulfach innerhalb des Schulprogramms gelehrt und gelernt werden wie Französisch, Englisch und Italienisch. Der fast unbewusste Lernprozess in der Zweitsprache ist etwas völlig anderes als der systematische Fremdsprachenunterricht mit älteren Schülerinnen und Schülern. Wenn diese in der fünften Klasse Französisch lernen müssen, haben sie ihre eigene Muttersprache schon weitgehend gefestigt. Die Fremdsprache ist ewas Neues, das die eigene Muttersprache nicht in Frage stellt. Die Schülerinnen und Schüler können schreiben, lesen, sich ein Schriftbild einprägen, sie kennen die Grammatik der eigenen Sprache und wissen, was ein Wort und was ein Satz ist. Sie haben in der eigenen Sprache Verben zu konjugieren gelernt und kennen die Zukunfts-, Vergangenheits- und Möglichkeitsformen. Zudem sprechen sie die gleiche Sprache wie die Sprachlehrerin. Eine Französischlehrerin kann schwierige Dinge auf Deutsch erklären, was wiederum eine Förderung in der eigenen Sprache bedeutet. Kindergärtner/innen und Mundartlehrer/innen können nur in wenigen Fällen auf persönliche Spracherfahrungen zurückgreifen, wenn Kinder nicht die üblichen Fremdsprachen sprechen.

Schweizerdeutsch oder hochdeutsche Standardsprache?

Für fremdsprachige Personen ist erschwerend, dass sie in der deutschen Schweiz Mundart und Hochdeutsch lernen müssen. Es wird immer wieder die Frage gestellt, ob fremdsprachige Kinder im Kindergarten nicht besser gleich Hochdeutsch lernen sollten, damit sie später in der Schule einen Vorteil hätten.

Kindergartenkinder lernen die Zweitsprache, weil sie jetzt die andern Kinder verstehen und mitspielen wollen. Dass sie zwei Jahre später in der Schule noch Hochdeutsch lernen müssen, ist für sie vorläufig nicht relevant. Kindergärtnerin und Mundartlehrerin sind wichtige Sprachvorbilder und -animatorinnen. Aber die wichtigsten Lehrerinnen und Lehrer sind die andern Kinder!

Je mehr ein fremdsprachiges Kind mit den andern Kindern spielt und spricht, umso mehr wird mit ihm gesprochen und umso besser lernt es die Sprache.

Um den Zugang zu den andern Kindern und die Integration zu erleichtern, muss das Kind Schweizerdeutsch lernen.

Nur: Oft sprechen auch die andern Kinder nicht Schweizerdeutsch. Der Zweitspracherwerb ist ohne die vielen kleinen Schweizerdeutschlehrerinnen und -lehrer viel mühsamer und dauert entsprechend länger. Den Kindern fehlen die vielseitigen schweizerdeutschen Sprachvorbilder und Animatoren. In Kindergärten mit nur einem oder zwei Schweizer Kindern stellt sich die Frage, ob nicht besser Hochdeutsch gelehrt werden sollte.

Das Kind im fremden Kindergarten

Verlust der neu erworbenen Selbständigkeit

Mit dem Eintritt in den Kindergarten vollziehen Schweizer Kinder einen grossen Schritt in Richtung Selbständigkeit. Sie haben bis jetzt so gut sprechen gelernt, dass sie sich auch gegenüber fremden Personen mitteilen können. Ein Kind kann sagen, wenn es Durst, Hunger oder Bauchweh hat, es kann fragen, wo die Toilette sei oder ob der Vater es bald abholen komme. Es kann seine Wünsche kundtun: «Ich möchte mitspielen». Es kann sich wehren, wenn es übergangen wird: «Ich finde es ganz gemein!» Die sprachliche Selbständigkeit erleichtert dem Kind, sich von Vater und Mutter zu lösen.

Fremdsprachige Kinder hingegen machen beim Kindergarteneintritt die frustrierende Erfahrung, dass ihnen hier ihre Muttersprache nichts nützt. Die erreichte Selbständigkeit fällt in sich zusammen. Sie müssen sich in einer grösseren Kindergruppe und in einem neuen Milieu zurecht finden, ohne die Sprache der Mehrheit der Kinder und der Kindergärtnerin zu verstehen und zu sprechen. Sie realisieren vielleicht erstmals ihr Fremdsein.

Mögliche Reaktionen

Die einen Kinder reagieren in der ersten Kindergartenzeit mit Passivität. Sie schauen nur zu und weigern sich mitzuspielen. Ohne Sprache finden sie vorerst keinen Zugang zur Kindergärtnerin und zu den andern Kindern. Schüchterne Kinder können noch ängstlicher werden, sich zurückziehen. Andere Kinder werden aggressiv. Sie machen sich handgreiflich statt sprachlich bemerkbar, stören beim Spielen und bei Gesprächen im Kreis. Die Mutigen suchen offensiv nach Möglichkeiten, wie sie auch ohne Sprache mitmachen könnten. Sie beobachten genau, was die andern Kinder tun und ahmen nach. Wieder andere Kinder eignen sich schnell einige ihnen wichtig erscheinende Ausdrücke an und versuchen, sich damit durchzuschlagen.

Stagnation in der Entwicklung der Muttersprache

Auch für Schweizer Kinder ist die Sprachförderung ein wichtiges Anliegen. Die Sprachentwicklung ist im Kindergartenalter weder abgeschlossen noch ist die Muttersprache gefestigt. Auch deutschsprachige Kinder verfügen erst über einen relativ kleinen Wortschatz und eine noch undifferenzierte Sprache. Im Kindergarten lernen die Kinder sich so auszudrücken, dass sie auch von Personen ausserhalb der Familie verstanden werden. Sie überprüfen die familiäre Sprache und erweitern sie. Sie vergleichen die Ausdrücke, die sie in ihren Familien gelernt haben mit denjenigen des Kindergartens. Sie bringen viele neue Wörter nach Hause. Dies fällt

---

9 = nein

Anna kam mit knapp vier Jahren von Berlin nach London. Sie freute sich an der englischen Sprache, als handelte es sich um ein neues Spiel. Bald erklärte sie uns, dass man englische und deutsche Wörter manchmal einfach vertausche: «9» heisse auf englisch «nein», und «nein» heisse auf englisch «no» (wie neun).

den Eltern besonders dann auf, wenn die Kindergärtnerin einen andern Dialekt spricht oder wenn die Kinder unanständige Wörter verwenden, die sie ganz sicher nicht bei den eigenen Eltern gelernt haben.

Für Kinder, die vor dem Kindergarteneintritt fast ausschliesslich mit den Eltern oder mit einem Elternteil den Tag verbracht haben, entsteht eine neue sprachliche Situation: Sie können daheim von Dingen erzählen, welche die andern Familienangehörigen nicht miterlebt haben.

Die fremde Muttersprache ist nicht gefragt

Für fremdsprachige Kinder ist die Situation völlig anders. Ihre Muttersprache wird im Kindergarten weder gefördert noch unterstützt. Sie können ihre familiären Ausdrücke nicht mit denjenigen des Kindergartens vergleichen, da diese ganz anders sind. Die neuen Wörter, die sie aufnehmen, gehören nicht zu ihrer Muttersprache. Die Muttersprache ist plötzlich weder für die Kinder selber, noch für die Umwelt von grossem Interesse. Sie bleibt familiäre Privatsache. Zudem stehen viele Kinder unter grossem Erwartungsdruck, möglichst schnell Schweizerdeutsch zu sprechen. Aus diesen Gründen kann die Entwicklung der Muttersprache beim Eintritt in den Kindergarten für längere Zeit stagnieren. Gerade in dieser Phase wäre eine Förderung und Unterstützung der Kinder in ihrer eigenen Muttersprache sehr wichtig, damit sie die neuen Eindrücke und Erlebnisse auch mit ihren Eltern verarbeiten könnten, was wiederum dem Aufbau der Muttersprache zugute käme.

Oft wissen fremdsprachige Eltern zu wenig, dass sie die Kinder gerade jetzt in der Muttersprache unterstützen müssen: auch für sie steht jetzt das Deutschlernen ihrer Kinder im Zentrum. Werden in den fremdsprachigen Familien die Erlebnisse aus dem Kindergarten zum Gesprächsthema gemacht, lassen sich die Kinder durch die neue Sprache und die neuen Eindrücke im Kindergarten weniger verunsichern. Die neue Sprache kann dann anregend auf die Muttersprache wirken. Die Kinder beginnen die Sprachen zu vergleichen, sie finden Ähnlichkeiten und machen sich Gedanken über die verschiedenen Sprachen. Dabei können sich beide Sprachen entfalten.

Als Fünfjährige eine neue Sprache lernen?

Die akademische Diskussion um das «richtige Alter» für das Erlernen einer Zweitsprache hält an – die Meinungen sind bekanntlich kontrovers. Die Frage ist aber für das Problem des Zweitspracherwerbs im Kindergarten müssig: Die fremdsprachigen Kinder sind da und müssen notgedrungen die neue Sprache lernen, wenn sie an unserem Bildungssystem teilhaben wollen. Faktisch kann zur Frage des idealen Zeitpunktes für den Zweitspracherwerb festgehalten werden:

1. Es ist für ein Kindergartenkind lebensnotwendig, sich mit der Realität auch ausserhalb der Familie auseinanderzusetzen. Die Realität für fremdsprachige Kinder ist eine mehrsprachige Umgebung mit der Umgangssprache Deutsch.

2. Das Kindergartenalter von vier bis sieben Jahren ist geeignet, um gleichaltrige Kinder mit Spielen und Geschichten, Liedern und Versen ganzheitlich und spielerisch in die neue Sprache hineinwachsen zu lassen.

3. In diesem Alter kann die Zweitsprache noch akzentfrei erlernt werden, was später nicht mehr allen gelingt.

4. Die Muttersprache ist erst im Alter von neun bis zwölf Jahren gefestigt, deshalb muss unbedingt darauf geachtet werden, dass die Entwicklung der Muttersprache durch das Erlernen der Zweitsprache nicht stagniert. Beide Sprachen müssen akzeptiert werden und ihren Platz im Kindergarten finden.

Auch die Eltern sind fremd

Für die Kinder wie für die Eltern bringt der Kindergarteneintritt eine grosse Veränderung. Für manche fremdsprachige Mutter, die nicht ausserhalb des Hauses arbeitet und die Kinder zu Hause betreut, ist die Kindergärtnerin die erste Schweizerin, der sie ihr Kind anvertraut. Spielgruppen werden von fremdsprachigen Kindern selten besucht. Den Eltern, die nicht Deutsch können, fällt es manchmal besonders schwer, ihr Kind einer fremden Person und einer fremden Institution anzuvertrauen.

Die Einstellung der fremdsprachigen Eltern gegenüber Kindergarten und Zweitsprache hat einen grossen Einfluss auf den Zweitspracherwerb ihrer Kinder. Es ist also wichtig, dass fremdsprachige Eltern den Kindergarten als Institution schnell kennenlernen.

Die meisten Schweizer Eltern haben als Kind selber einen Kindergarten besucht, haben dort in der Puppenecke oder mit der Holzeisenbahn gespielt, kennen die Würfelmosaike, den Plastilin und die Holzreifen, haben mit Eierkartons und halbrunden Käseschachteln gewerkt. Diese Aktivitäten und Spiele sind so vertraut, dass man sie sich aus dem Kindergarten nicht mehr wegdenken kann. Wir können uns daher kaum vorstellen, wie befremdend der Kindergarten auf fremdsprachige Eltern wirken kann. In vielen andern Ländern wird dem Kinderspiel keine so grosse Bedeutung zugemessen. Manche fremdsprachigen Eltern haben deshalb kein grosses Verständnis für kreative und handwerkliche Produkte, sie wissen nicht, was sie mit den Basteleien anfangen sollen. Es ist nicht für alle Eltern einsichtig, warum ihre Kinder pünktlich im Kindergarten erscheinen müssen, wenn dort nur gespielt, statt gelesen und gerechnet wird. Oft wird der Kindergarten vor allem als der Ort akzeptiert, an dem ihre Kinder Schweizerdeutsch lernen.

Zur üblichen Unsicherheit der Eltern beim Kindergarteneintritt (Wird sich mein Kind wohlfühlen? Findet es sich zurecht? Habe ich es recht erzogen? Wie wird es beeinflusst?) kommt bei manchen fremdsprachigen Eltern noch eine weitere Befürchtung hinzu: Wird mir mein Kind entfremdet, wenn es sich in eine schweizerische Institution einfügt und eine andere Sprache lernt?

Diese Angst kann bei den Kindern zu Loyalitätskonflikten führen. Sie wissen nicht mehr, ob sie sich im Kindergarten wohlfühlen und anpassen dürfen, oder ob sie dadurch ihre Eltern verletzen. Der Konflikt wirkt sich negativ auf den Zweitspracherwerb und die Integration der Kinder aus.

Kontakt mit den Eltern

Die Kindergärtner/innen müssen möglichst bald einen Kontakt zu den Eltern suchen. Es ist wichtig, dass diese eine Vorstellung vom Kindergarten bekommen und ihn mit der Zeit schätzen lernen. Oft begleiten die Eltern ihre Kinder in der ersten Zeit. Bei dieser Gelegenheit kann die Mutter herein gebeten werden, man kann ihr zeigen, was das Kind gespielt oder gezeichnet hat. Eltern, die nicht von sich aus kommen, müssen eingeladen oder zu Hause aufgesucht werden. Ein gegenseitiges Kennenlernen ist sehr wichtig.

Die Kindergärtnerin kann ein Kind nach Hause begleiten, ein vergessenes Täschchen bringen oder sich für einen Besuch anmelden. Natürlich ist es von Vorteil, wenn jemand übersetzen kann. Allerdings scheint mir der persönliche Kontakt wichtiger. Für eine erste Kontaktnahme ist ein Besuch auch ohne Übersetzung möglich. Es geht darum, sich kennenzulernen, sich zu sehen, die Stimme zu hören und mit der Zeit ein gegenseitiges Vertrauen aufzubauen. Dabei können nonverbale Begegnungen genügen. Sobald Probleme auftauchen, ist es wichtig, für Gespräche eine Übersetzerin beizuziehen. Manche Familien

---

Die schöne Faltarbeit im Kübel

Früher hat es mich immer frustriert, wenn wir im Kindergarten eine hübsche Bastelarbeit angefertigt hatten und mir Kinder nachher erzählten, die Mutter hätte diese gleich weggeschmissen. Heute haben wir im Kindergarten ein Ausstellungsbrett, auf dem wir unsere Werke ausstellen. Wer will, kann sie später nach Hause nehmen.

kennen selbst eine Person, die übersetzt. Andernfalls kann bei der örtlichen Schulpflege angefragt werden. Bei Asylbewerbern kann bei Koordinationsstellen um Übersetzungshilfe gebeten werden.

Kindergärtner/innen müssen den Eltern vertrauen, dass diese das Beste für ihre Kinder möchten, auch wenn sie andere Erziehungsmethoden, Normen und Regeln anwenden. Wenn auf schweizerischer Seite kein Vertrauen aufgebracht werden kann, darf nicht erwartet werden, dass fremdsprachige Eltern Vertrauen zur fremden Kindergärtnerin fassen.

Wenn es einer Kindergärtnerin gelingt, ein gegenseitiges Vertrauen zu den Eltern (und insbesondere zu den Müttern) aufzubauen, werden sich diese vom Kindergartengeschehen nicht ausgeschlossen fühlen, die Integrationsbestrebungen ihrer Kinder verstehen und unterstützen. Die Eltern müssen merken, dass die Muttersprache der Kinder geschätzt und geachtet wird. Sie sollen sicher sein, dass auf familiäre und religiöse Gepflogenheiten so gut wie möglich Rücksicht genommen wird.

Diese Rücksichtnahme kann Kindergärtner/innen allerdings vor grosse, manchmal nur unbefriedigend lösbare Probleme stellen: Sollen alle Kinder auf die Fastnacht verzichten, weil sich einige nicht verkleiden dürfen? Ist baden, pflotschen und spritzen lustig, wenn einzelne Mädchen frustriert am Rande sitzen? Wie verhält sich eine Kindergärtnerin, wenn Kinder vernachlässigt werden, wenn sie pausenlos Videos konsumieren, wenn den Kindern der Kontakt zu andern untersagt wird?

Bei solchen Fragen können keine Pauschallösungen angeboten werden. In jedem Kanton gibt es bei der Erziehungsdirektion eine Stelle für interkulturelle Pädagogik, wo sich Lehrer/innen und Kindergärtner/innen mit Fragen und Problemen hinwenden können.

Fotos sprechen Bände

Wenn ich eine Mutter besuchen will, mit der ich nicht sprechen kann, bringe ich Fotos von mir und meiner Familie mit. Dann werden manchmal auch Fotoalben vom Kind hervorgeholt. Ich erfahre dabei viel über das Kind, und ein «Gespräch» wird anhand der Bilder einfacher.

Eine albanische Familie führte mir ein Video von den Ferien in ihrem Heimatdorf vor. Riesige Wassermelonen und die ältere Schwester, die an einem Fest beim Volkstanz mitwirkte, waren zu sehen. In der schäbigen Zürcher Wohnung zeigten mir die Eltern ihr renoviertes Haus in Montenegro.

Muttersprache bleibt Muttersprache

Sollen Eltern, die Deutsch können, mit ihren Kindern Deutsch oder in der Muttersprache sprechen? Für die Sprachentwicklung der Kinder ist es wesentlich, dass mit ihnen spontan, gut und korrekt gesprochen wird, dass die Eltern einen reichen und differenzierten Wortschatz und ein sicheres Sprachgefühl vermitteln können und die Kinder vielfältige Sprachsituationen erleben. Daher sollten Eltern in derjenigen Sprache sprechen, die ihnen am nächsten ist.

Auf diesem Fundament bauen die Kinder die Zweitsprache viel besser auf, als wenn sie von ihren Eltern ein mangelhaftes Deutsch mitbekommen.

Unterstützung durch die Eltern

Da die Kompetenz in der Muttersprache entscheidende Auswirkungen auf den Zweitspracherwerb hat, fällt den Eltern in erster Linie die Aufgabe zu, die Muttersprache zu fördern. Die Eltern können die Kinder beim Schritt in den Kindergarten unterstützen, indem sie ihnen Mut

---

Kaffee statt Wörter

In einer Gesprächsrunde der Beratungsstelle für schwarze Frauen erzählt eine Mutter aus Kenya: «Ich habe mich nicht in den Kindergarten getraut. Meine älteste Tochter hat den kleinen Bruder angemeldet. Schon in der ersten Woche hat die Kindergärtnerin meinen Sohn einmal nach Hause begleitet. Sie hat mir Fotos vom Kindergarten gezeigt, und wir haben Kaffee getrunken.»

machen und mit ihnen die neuen Eindrücke verarbeiten. Sie können das Gespräch mit den Kindergärtner/innen suchen, wenn ihre Kinder Ängste haben, etwa, weil sie nicht wissen, wie sie sich verhalten sollen, wenn sie zur Toilette müssen.

Die Eltern sollen sich jedoch auch für den Zweitspracherwerb ihrer Kinder interessieren. Auch wenn sie selber nicht Deutsch sprechen, können sie ihnen ihre Freude und ihr Interesse an den Fortschritten zeigen.

**Informationsvideo
für fremdsprachige Eltern**

Die Erziehungsdirektion des Kantons Zürich hat ein ausgezeichnetes Video herausgegeben mit dem Titel: «Vom Kindergarten in die Primarschule. Informationsvideo für fremdsprachige Eltern». Die Teile über Kindergarten und Primarschule sind für alle Deutschschweizer Kantone zutreffend.
Das Videoband ist in Deutsch, Italienisch, Serbokroatisch, Albanisch, Spanisch, Türkisch, Portugiesisch und Englisch erhältlich.

Autoren: Kaspar Kasics und Yann Staib;
20 Minuten, VHS, 1991.
Bezug beim Lehrmittelverlag des Kantons Zürich.

Der Prozess des Zweitspracherwerbs

Drei Phasen beim Zweitspracherwerb

Vorschulkinder lernen ganzheitlich. Die Förderung in der Zweitsprache kann im Kindergarten und im Mundartunterricht nie nur eine Sprachschulung sein. Fremdsprachige Kinder durchlaufen beim Zweitspracherwerb drei Phasen. Allerdings dauern diese Phasen bei jedem Kind unterschiedlich lange, je nach seinem Charakter, seiner Lebenssituation, der Unterstützung im Elternhaus, der Offenheit der andern Kinder und der Kindergärtnerin. Der Zweitspracherwerb verläuft nicht linear, sondern gleicht eher einem wilden Tanz: Bald geht es mit Riesenschritten vorwärts, dann wieder zurück, einen Schritt quer nach rechts, einen nach links.

1. Phase: Anwärmen

Das Kind
Das Kind muss sich zuerst im Kindergarten einleben, wird es doch mit einem Schulsystem konfrontiert, das auf einem ganz anderen und ihm fremden kulturellen Hintergrund aufbaut.
Ein Kind, das noch nie mit Spielzeug gespielt hat, wird sich vielleicht mitten in dem reichen Spielangebot verloren vorkommen. Spielen hat für das Kind vermutlich eine ganz andere Bedeutung. Es braucht also Zeit, um sich in dieser neuen Welt zurechtzufinden und sich in der Kindergruppe und bei der fremden Frau wohlzufühlen.
Es gibt Kinder, die in dieser Phase lieber zuschauen. Manche spielen nur mit gleichsprachigen Kindern. Andere probieren mit ersten Brocken den Kontakt zu den andern Kindern. Etliche sprechen in ihrer Muttersprache drauflos, in der Hoffnung, dass sie doch jemand verstehen müsse.
Für die Gesamtentwicklung des Kindes ist es wichtig, dass es sich wohlfühlt. Das gilt auch für den Zweitspracherwerb. Natürlich lernen beispielsweise fünf türkische Buben, die immer zusammen spielen, weniger schnell Schweizerdeutsch, als ein einzelner türkischer Junge, der im täglichen Spiel mit schweizerischen Kindern üben kann.

Die Kindergärtnerin
Die Kindergärtnerin wählt Themen, Lieder, Geschichten und Spiele aus, die auch Kinder anderer Kulturen ansprechen. Sie sollen im Kindergarten Dinge finden können, die ihnen vertraut sind und nicht nur auf lauter Unbekanntes stossen. Um zu wissen, was einem Kind vertraut ist, hilft ein Besuch bei ihm zu Hause oder der Kontakt mit Menschen der gleichen Kultur.
Es ist eine grosse Erleichterung, wenn die Kindergärtnerin die Muttersprache der Kinder spricht oder wenn diese wenigstens Spielkameraden finden, mit denen sie sich verständigen können. Im Falle der fünf türkischen Buben wird die Kindergärtnerin zu einem späteren Zeitpunkt Lösungen suchen, wie die fünf Freunde auch mit den andern in Kontakt kommen können.
In dieser ersten Phase sollen die Kinder merken, dass sie im Kindergarten akzeptiert sind, auch wenn sie nicht Deutsch sprechen. Die Kindergärtnerin versucht, den Zugang zu den andern Kindern zu erleichtern. Sie sollen erleben, dass sie auch ohne verbale Verständigung mitspielen können.
Die Kindergärtnerin organisiert Spiele, bei denen eine nonverbale Beteiligung möglich ist. Geeignet sind solche, bei denen beispielsweise Tierstimmen und Geräusche nachgeahmt werden.

Über sie können sich Kinder auch ohne menschlichen Worte verständigen.

2. Phase: Aktiv werden

Das Kind
Die Kinder fühlen sich akzeptiert von den andern Kindern und der Kindergärtnerin, sie finden sich im Kindergarten langsam zurecht. Sie beginnen Kontakte in der Gruppe aufzunehmen, versuchen die andern zu verstehen und sich ihnen mitzuteilen. Die einen versuchen sich durch Zeichen zu verständigen, andere sprechen ihre ersten schweizerdeutschen Ausdrücke oder Wortketten, wie «ichwottau!». Sie interessieren sich für die Erlebnisse im Kindergarten.

Die Kindergärtnerin
In dieser zweiten Phase ist es wichtig, dass die Kindergärtnerin eine sprachfördernde Atmosphäre schafft. Die Kinder sollen viele Sprachimpulse und Anregungen erhalten und merken, dass die neue Sprache lernbar und nützlich ist. Der Mut der Kinder, sich in dieser fremden Sprache zu äussern, darf nicht durch Korrekturen oder Auslachen gebrochen werden. Die Kinder sollen reden und ausprobieren, sie werden auch dann bestätigt, wenn ihre Aussagen nur schwer zu verstehen sind. Es sollen ihnen durch Spiele, die sie gerne mit den andern spielen, jene Wörter, Ausdrücke und Sätze angeboten werden, die sie dafür brauchen. Es sollen ihnen ferner jene Begriffe vermittelt werden, die ihnen helfen, sich an den von der Kindergärtnerin geleiteten Aktivitäten zu beteiligen. Dabei werden die Kinder auch eingeführt in Techniken wie schneiden, kneten und formen mit Lehm, malen und durch Reifen schlüpfen.

3. Phase: Erweitern und Vertiefen

Das Kind
Die Kinder haben die Anfangsschwierigkeiten überwunden. Sie entwickeln ihre Lernersprache, die sie im Kontakt mit den andern Kindern ständig überprüfen, verändern, erneuern und verbessern. Sie entdecken Sprachregeln. Sie hören Gespräche, einfache Geschichten und entwickeln ein Sprachgefühl für die Zweitsprache. Sie lernen sich immer korrekter auszudrücken, sie erweitern und vertiefen den Wortschatz.

Die Kindergärtnerin
Mit der gezielten Unterstützung der Mundartlehrerin und der Kindergärtnerin, mit Erlebnissen und Sprachanlässen sowie vielen Kontakten zu den Spielkameraden, spielen sich die Kinder in die neue Sprache hinein. Mundartlehrerin und Kindergärtnerin beobachten die Sprachentwicklung der einzelnen Kinder und suchen nach geeigneten Geschichten und Spielen, welche zu immer neuen Lernschritten anregen. Wenn bei einem Kind über längere Zeit keine Fortschritte zu beobachten sind, so muss sich die Kindergärtnerin erneut mit dessen Situation auseinander setzen.

Lernen mit Lernersprachen

Für Kinder im Vorschulalter ist der Begriff «Sprache» noch nicht klar fassbar. Sie lernen die Sprache weitgehend unbewusst, aber dennoch handelnd und in aktiver Auseinandersetzung mit der jeweiligen Umwelt. Sprachförderung im Kindergarten heisst deshalb: behutsame und gezielte Unterstützung des spontanen Zweitspracherwerbs.

Zweitspracherwerb – ein Prozess

Der Zweitspracherwerb im Kindergartenalter ist ein äusserst kreativer und individueller Prozess. Die Zweitsprache kann den Kindern nicht nach einem vorgegebenen Programm beigebracht werden, jedes Kind muss die neue Sprache auf individuelle Art lernen können. Die Kinder wählen selber aus, was sie wann lernen wollen. Sie prägen sich die Sprache auch nicht durch Vor- und Nachsprechen von Wörtern oder Sätzen ein. Jedes Kind eignet sich die neue Sprache aktiv an, indem es aufnimmt, auswählt, deutet, verwirft, ausprobiert, experimentiert. Der Prozess der Aneignung der Sprache ist nicht linear, sondern sehr sprunghaft und chaotisch.
Auf dem Weg zur perfekten Zweitsprache schaffen die Kinder Lernersprachen, die sie immer

wieder verändern und ihrem neuen Verständnis anpassen.

Wortketten

In der ersten Kindergartenzeit wirkt die fremde Sprache auf Kinder wie ein einziger Redefluss. Einige merken gar nicht, dass dieser Fluss etwas mit ihnen zu tun haben könnte. Mit der Zeit beobachten sie einen Zusammenhang zwischen Rede und Handlung. Sie achten auf die verschiedenen Sprachmelodien. Ist ihnen dieser Redefluss etwas vertrauter geworden, versuchen sie herauszufinden, ob erzählt, erklärt oder gescholten wird. Sie versuchen zu interpretieren.
Wenn sich die Kinder angesprochen fühlen, achten sie vermehrt auf die Reden. Es fallen ihnen Elemente oder Wortketten auf, die sich oft wiederholen.

«Ichwottau!»
Ich will auch!

«Chumemal!»
Komm einmal!

«Waswottschschpile?»
Was willst du spielen?

«Eschuntenbäär.»
Es kommt ein Bär.

Die Kinder picken diese Wortketten heraus und bringen sie in einen Zusammenhang mit dem, was sie sehen und fühlen, mit der Gestik und Mimik der sprechenden Person, mit den Gegenständen, die dazu gezeigt werden. Sie reimen sich daraus eine Bedeutung zusammen und beginnen zu ahnen oder zu verstehen.
Das Zusammenreimen von Wortketten und Vorstellungen ist ein aktiver Prozess, der dann in Gang kommt, wenn sich die Kinder für das Geschehen oder die mitwirkenden Personen interessieren. Die Kinder wählen selber, was sie wann und wie deuten und verstehen wollen. Sie entscheiden auch selber, wann sie ihre ersten Wörter in Mundart sagen wollen.

Eigenkombinationen

Die Kinder bringen ein grosses Wissen über Sprache mit. Von ihrer Muttersprache wissen sie, wann und wie Sprache gebraucht wird. Sie haben Lernstrategien entwickelt und Erfahrungen gesammelt, die sie jetzt erneut anwenden können. Mit dem Vorwissen aus der Muttersprache und den neugelernten Wortketten oder einzelnen Wörtern der Zweitsprache, bauen sie ihre eigenen Sprachgebilde, die Lernersprachen, die sie immer wieder verändern. Die Lernersprache kann Züge der Muttersprache und der Zweitsprache enthalten, sie kann aber auch Merkmale aufweisen, die von beiden Sprachen unabhängig sind.
Es gibt Kinder, die probieren ihre Lernersprache schnell aktiv aus. Sie sagen selber «Chumemal» und beobachten, ob sie verstanden werden. Sie zeigen dadurch, dass sie mitspielen können und dazugehören. Andere hören nur zu. Es gibt viele Kinder, die erst dann selber zu sprechen beginnen, wenn sie bereits viel verstehen. Das kann einige Monate dauern. Es gibt grosse Unterschiede in der Zeitspanne vom Verstehen oder Erahnen der Wortketten bis zum aktiven Gebrauch.

Wortketten lassen sich zerteilen

Mit der Zeit entdecken die Kinder, dass Teile der Wortketten auch in andern Zusammenhängen vorkommen. Sie beginnen diese Teile zu isolieren und neu zu kombinieren. Sie bilden «Sätze», die sie sich selber zurecht legen. Aus «ichwottau» löst ein Kind «ichwott» heraus, verbindet die Wortkette mit «Lego» und sagt: «Ichwottlego». Auch wenn die Lernersprache vom richtigen

---

Chumau!

Die Kinder spielen ein Kreisspiel und fordern ein fremdsprachiges Kind auf, mitzutun: «Chumau!» (Komm auch!). Für das angesprochene Kind ist es im Moment nicht wichtig zu erkennen, was die Wortkette «Chumau!» genau heisst. Wichtig ist zu verstehen, dass es mitmachen soll und darf. «Chumau!» hat eine Bedeutung erhalten.

Schweizerdeutsch abweicht, ist sie eine produktive Sprachleistung.

Neben den Wortketten, welche die Kinder heraushören und interpretieren, lernen sie auch Verben und Substantive im direkten Zusammenhang mit den Tätigkeiten oder den Inhalten kennen.

Die Kinder sitzen zusammen am Tisch und schneiden Bildchen aus einem Katalog. Ein fremdsprachiges Kind hört dabei, wie am Tisch vom Schneiden gesprochen wird: «Ich schneide das Papier ab.» «Ich schneide das Motorrad aus.» «Gib mir die Schere!» «Kannst du das Bild mit dem Kran brauchen?» Durch das eigene Erleben vom Schneiden mit der Schere, vom Geräusch, vom Schnitt im Papier, vom Gefühl in der Hand, prägen sich die Begriffe ganzheitlich ein.

Wörter oder ganze Sätze werden von den Kindern manchmal aufgeschnappt, weil sie Spass am Klang, Rhythmus oder Reim haben. Deshalb können sich Kinder die Werbespots des Fernsehens oft erstaunlich schnell merken.

Lernersprachen auf verschlungenen Wegen

Die Kinder verändern ihre Lernersprache auf kreative Weise. Wenn ein Kind versucht, seine Aussagen zu differenzieren, wirken die eigentlichen Fortschritte manchmal wie Rückschritte. Ein Kind kann bereits richtig sagen:

«Ich wott au schpile.»
Ich will auch spielen.

Perché

Ein italienischer Junge sagt zu der Kindergärtnerin: «Warum ich wotti schpile.»
Seine Aussage, die ja keine Frage ist, setzt sich aus folgenden Elementen zusammen: «Warum» hat er vom italienischen «perché» übernommen, das sowohl «weil» als auch «warum» bedeutet. «wotti» ist für ihn das Verb «wollen», hier in der ersten Person Singular. Um aber deutlich zu machen, dass er etwas will, setzt er noch das Pronomen hinzu.

Jetzt will es die Aussage differenzieren und der Situation anpassen. Es sagt:

«Vilicht ich wott au schpile.»
Vielleicht ich will auch spielen.

Die Aussage ist zwar differenzierter geworden, aber der Satz ist nicht mehr korrekt. Um festzustellen, ob ein Kind Fortschritte macht, muss die Komplexität der Aussage beurteilt werden und nicht die Korrektheit seiner Äusserung.

Vereinfachungen

Viele Kinder konstruieren sich für eine gewisse Zeit eine Lernersprache, bei der sie die Sprache vereinfachen und alles weglassen, was ihnen für eine Aussage nicht wichtig erscheint. Zum Beispiel:

«Hole Bäär Bääbiwage use.»
Holen Bär Puppenwagen draussen.

Damit will es sagen:

«Ich hole de Bäär im Bääbiwage und wott veruse.»
Ich hole den Bär im Puppenwagen und will nach draussen.

Für die Aussage des Kindes hat der Artikel keine Bedeutung. Er wird deshalb in vielen Lernersprachen lange weggelassen. Andere Kinder verwenden nur einen Artikel an, etwa in Zürichdeutsch «de», in Baseldeutsch «dr»:

De Hund / dr Hund
De Büüsi / dr Büüsi
Muus / dr Muus

Die Kinder entdecken Regeln:
Aus «essen» wird «gegesst»

Wir können Vorschulkindern keine grammatikalischen Regeln beibringen. Wie beim Sprechenlernen in der Muttersprache entdecken die Kinder auch in der Zweitsprache die Regeln selber und integrieren sie ihrem Sprachgefühl entsprechend in die Lernersprache.

Irgendwann entdeckt ein Kind, dass die Verben sich ändern, wenn von vergangenen Ereignissen gesprochen wird. Es stellt fest, dass «schpile» dann «gschpilt» heisst (spielen – gespielt). Es merkt sich eine Regel: Setze vor das Verb ein «g» und als Endung anstelle des «e» ein «t».

Aus «schpile» wird «g-schpil-t»,
aus «hüpfe»: «g-hüpf-t»
spielen: gespielt, hüpfen: gehüpft

Es ist eine beachtliche Leistung des Kindes, ohne Schriftbild und Grammatikbuch selber zu entdecken, wie die Vergangenheit gebildet wird. Die neuentdeckten Regeln werden von fast allen Kindern zuerst konsequent angewandt, auch dort, wo Ausnahmen bestehen.

«ässe» zu «g-äss-t», statt richtig «g-äss-e»
«essen» wird zu «gegesst» statt «gegessen»

Wenn sich ein Kind in der von ihm entdeckten Regel sicher fühlt und diese viele Male ausprobiert hat, wird es auch die Ausnahmen dieser Regel heraushören und später aktiv in seine Sprache aufnehmen können.
In seiner Muttersprache hat ein Kind erfahren, dass bei der Bezeichnung von Gegenständen zu hören ist, ob es sich um einen einzelnen oder um mehrere handelt. Als erstes fällt ihm die Mehrzahlbildung durch Umlaute und die angehängte Endsilbe auf.

«Huus» wird zu «Hüüser»
«Haus» wird zu «Häuser»

Wenn ein Kind versucht, die Erkenntnisse über die Mehrzahl in seine Lernersprache einzubauen, so wird es viele Fehler geben.

«Muus» zu «Müüser»
«Maus» zu «Mäuser»

Trotzdem hat das Kind Fortschritte gemacht, auch wenn eine Zeitlang die Mehrzahl falsch gebraucht wird. Wenn es Gelegenheit hat, die korrekten Pluralformen zu hören, wird es diese mit der Zeit in die eigene Lernersprache einbauen.

Die Aufgabe von Kindergärtnerin und Mundartlehrerin

Für die Kindergärtnerin und die Mundartlehrerin ist es wichtig zu wissen, dass die Kinder neue Sprachformen nicht aufnehmen können, wenn diese nicht in ihre aktuelle Lernersprache passen. Die Art, wie Vorschulkinder die Zweitsprache aktiv und kreativ über Lernersprachen erwerben, bedeutet für die Kindergärtnerin ein völlig anderes Vorgehen als das traditionelle Fremdsprachenlehren und -lernen. Bei der Sprachförderung im Vorschulalter braucht es grosses Vertrauen in die Kinder. Es können weder grammatikalische Regeln beigebracht noch Vokabeln abgefragt werden.
Die Kinder müssen in möglichst vielen alltäglichen Situationen, die sie ansprechen und interessieren, Gelegenheit haben, die Sprache zu hören und zu sprechen. Der neue Wortschatz muss von den Kindern aktiv erlebt, erfahren und erspielt werden.
Kinder spielen beispielsweise sehr gern mit Wasser. Sie halten die Hände ins Wasser, spritzen sich an, trinken Wasser, malen mit Wasser auf der Wandtafel. Wenn diese Tätigkeiten von Kindern oder der Kindergärtnerin mit Sprache begleitet werden – ohne dabei dauernd das Wort «Wasser» abzufragen – werden fremdsprachige Kinder den Begriff aufnehmen, speichern und zu gegebener Zeit auch selber aktiv anwenden. Sie haben dabei nicht nur das Wort «Wasser» gelernt, sondern Wasser in vielen Kombinationen erlebt.
Kindergarten- und Mundartlehrpersonen beobachten die Lernersprachen und gestalten ihre Sprachförderung so, dass diese dem jeweiligen Stand der Lernersprache entspricht.
Es ist ein pädagogisches Kunststück der Fachleute, dass sich die Kinder trotz ihren Beobachtungen nicht wie in einer Prüfung vorkommen, sondern Gelegenheit haben die Zweitsprache über Erlebnis, Spiel und Spass mit den andern Kindern aufzunehmen – fast ohne das selber zu merken.
Die Beobachtungen im Kindergarten helfen, im richtigen Moment Impulse zu geben. Wenn beispielsweise ein Kind die Mehrzahl zu bilden beginnt, soll es möglichst oft Mehrzahlformen hören und auch selber anwenden können. Dazu

eignet sich beispielsweise ein Rollenspiel zur Geschichte der Arche Noah aus dem alten Testament. Dabei werden die Tiere benannt, die in die Arche einsteigen: zwei Tiger, zwei Löwen, zwei Schildkröten, zuerst eine Ziege, dann zwei Ziegen ... Die Kinder hören die korrekte Mehrzahlbildung. Selber werden sie die Mehrzahl so bilden, wie dies im Moment ihrer Lernersprache entspricht.

Beginnt ein Kind die Vergangenheitsform zu bilden, setzt es sich mit der Zeitdimension in der Sprache auseinander. Jetzt soll das Kind oft die korrekten Formen hören können. Geschichten werden nun in der Vergangenheit erzählt.

Natürlich sind nicht alle Kinder einer Mundart- oder Kindergartengruppe gleich fortgeschritten. Es ist darum nicht einfach, in der täglichen Arbeit auf den Sprachstand eines jeden Kindes zu achten. Immerhin soll versucht werden, das Sprachangebot so zu erweitern, dass alle Kinder immer wieder das holen können, was ihrem Stand entspricht.

Sprache der Kindergärtnerin ist Vorbild

Sind fremdsprachige Kinder in der Klasse, so muss die Kindergärtnerin sich ganz besonders um eine korrekte, einfache, deutliche und natürliche Sprache bemühen, was auch den Schweizerdeutsch sprechenden Kindern zu gut kommt. Es ist falsch, aus Rücksicht auf Wortschatz und Satzbau der Kinder eine fehlerhafte und vereinfachte Sprache zu sprechen, etwa die Fehler der Kinder zu übernehmen oder die Verben in der Grundform, statt konjugiert, anzuwenden. Die Kinder würden vielleicht schneller verstehen, aber sie haben kein echtes Vorbild, um sich daran zu orientieren. Auch wenn sie noch wenig von der Zweitsprache verstehen, entwickeln sie ihr Sprachgefühl am Vorbild.

Sprache gezielt einsetzen

Für die Kinder ist es wichtig, gesprochene Sprache zu hören, insbesondere im Zusammenhang mit den entsprechenden Tätigkeiten. Daher sollen diese sprachlich begleitet werden:
«Ich schäle deine Gurke.»
«Ich binde dir zum Malen die Schürze um.»

Ein Kind hört die Sprache und weiss im Kontext, was gesagt wird.

Kindergärtner/innen mit fremdsprachigen Kindern müssen sehr viel sprachlich formulieren. Das ist für sie anstrengend. Ein dauerndes Sprachgeplätscher ist aber auch für die Kinder ermüdend – sie hören gar nicht mehr zu. Das Sprechen muss also gezielt eingesetzt werden, das heisst, Tätigkeiten werden dann sprachlich begleitet, wenn sie sich auf einzelne Kinder oder eine interessierte Gruppe beziehen, die auch tatsächlich zuhören.

Gespräche mit den Kindern

In unserer Gesellschaft ist das Gespräch eine wichtige Kontaktform. Mit Kindern, die noch kein oder sehr wenig Schweizerdeutsch verstehen, ist es nicht einfach, über das Gespräch einen Kontakt aufzunehmen. Oft kann eine Kindergärtnerin aus der Situation erraten, was ein Kind sagen oder fragen möchte. Sie kann ihm helfen indem sie das Gespräch aktiv in Gang setzt.

«Wo möchtest du spielen?»
Das Kind zeigt in eine Richtung.

«Willst du in der Puppenecke spielen? Soll ich mitkommen, um die andern Kinder zu fragen, ob du mitspielen kannst?»
Das Kind nickt.

Eine Voraussetzung für Gespräche ist das Verstehen und das Verstehenwollen. Auch wenn Kinder etwas fehlerhaft oder nur als Einwortsatz mitteilen, ist es wichtig zu zeigen, dass sie trotzdem verstanden worden sind. Die Einwortsätze oder Satzbruchstücke werden von der Kindergärtnerin ergänzt.

Ein Kind sagt:
«Lueg zeichne!»
Die Kindergärtnerin ergänzt:
«Du hast ein grosses Bild gezeichnet. Eine Katze mit einem langen Schwanz.»

Es gab (und gibt) die pädagogische Macke, so zu tun, als würde man die Kinder nicht verstehen, wenn sich diese nicht so ausdrückten, wie es von ihnen erwartet wurde. Streckte ein Kind der Kindergärtnerin seinen Fuss mit dem offenen Schnürsenkel hin, so stellte sich die Kindergärtnerin taub und dumm, als wüsste sie nicht, was das bedeuten könnte. Heute wird der zwischenmenschliche Kontakt wichtiger genommen als die pädagogische Aktion. Die Kindergärtnerin wird fragen, ob sie den Schuh binden soll oder mehr scherzhaft ein Kind daran erinnern, dass es fragen könnte.

Gespräche mit Kindern können leichter geführt werden, wenn die Kindergärtnerin ihre Aussagen mit Gestik und Mimik begleitet. Sie sagt zum Beispiel:

«Nimm en Stuel!»
Sie berührt einen Stuhl.

Mit zunehmendem Verstehen der Kinder sollen die Gesten reduziert werden. Das Kind kann jetzt das Wort «Stuhl» ohne Geste verstehen.

Vorsicht mit Korrekturen

Früher spielten in der Schulzeit die Korrekturen eine zentrale Rolle. Rote Korrekturen im Diktat, Korrekturen im Aufsatz. Es gab richtig und falsch. Fehler mussten sofort korrigiert werden. Man befürchtete, ein Kind könnte sich einen Fehler einprägen. Die Befürchtung ist nicht angebracht. Kinder machen beim Zweitspracherwerb nicht eigentliche Fehler, sondern haben erst Bruchstücke der Zweitsprache in ihre Lernersprache aufgenommen. Sie haben diese für unser Ohr falsch kombiniert. Korrekturen können Kinder in ihrem Sprachgefühl verunsichern. Wird ihre Ausdrucksweise korrigiert, können sie sich als Versager vorkommen, sind beleidigt und verlieren den Mut zu neuen Eigenleistungen.

Die Lernersprachen entsprechen dem momentanen Sprachgefühl der Kinder. Vorschulkinder können vielleicht auf Befehl einen Satz richtig nachsprechen. Das nützt ihnen aber nichts, weil der Satz in dieser Form nicht in ihre aktuelle Lernersprache passt. Fehler können sie erst dann korrigieren, wenn sie in der Lage sind, die Korrektur in ihre Lernersprache zu integrieren. Zudem setzt ein grosser Teil der Korrekturen ein Abstraktionsvermögen und ein grammatikalisches Wissen voraus, die noch nicht vorhanden sind.

Ein isoliertes Training entspricht nicht dem ganzheitlichen Aufnehmen und Lernen der Vorschulkinder. So wäre das Üben der Artikel im Kindergarten vertane Zeit und frustrierend für die Kinder.

Korrekturen zur rechten Zeit

Fehler nicht zu korrigieren, bedeutet nicht ein Laisser-faire. Die Kindergärtner/innen beobachten die Kinder und entscheiden, ob eine Korrektur nötig ist oder nicht. Es gibt aber Fehler, die die Verständlichkeit einer Aussage beeinträchtigen. Hier muss den Kindern geholfen werden, damit sie sich verständigen können.

Es gibt Kinder, die ganz bewusst die Zweitsprache lernen wollen. Bei ihnen ist es wichtig, einen Fehler aufzugreifen und an verschiedenen Beispielen aufzuzeigen, wie sie sich richtig ausdrücken können. In vielen Fällen lassen sich Fehler auch mit einem Spiel überwinden. Wenn Kinder beispielsweise das Wort «Helikopter» nicht richtig sagen können, kann mit einem Spiel der Rhythmus des Wortes aufgenommen werden.

Grundregeln der Korrektur

- Mitteilungen, Erzählungen und Gespräche, die den Kindern wichtig sind, sollen nie durch Korrekturen unterbrochen werden, weil dadurch der Sprecher oder die Sprecherin das Gefühl bekommt, der Inhalt der Erzählung sei dem Gesprächspartner nicht wichtig.

> ### Ich chunsch, du chunsch
>
> Lina brauchte alle Verben in der zweiten Person Einzahl («schpilsch, chunsch, wotsch»). Sie hatte die Verben aus den Gesprächen der Freundin aufgeschnappt, wenn diese sie ansprach. Lina hat die Verben in dieser Form in ihre Lernersprache übernommen und setzte vor das Verb jeweils die Person, die handelte: «ich chunsch», «zäme schpilsch».
> Ich wollte ihr aufzeigen, dass sich die Verben doch auch in der Muttersprache verändern (italienisch: tu vieni, io vengo). Sie war sehr beleidigt, ich hatte etwas von ihr gefordert, was nicht dem Stand ihrer Lernersprache entsprach.
> Lina hat die kreative Leistung erbracht, selber eine Lernersprache zu erschaffen. Sie hat die Verben als solche erkannt und mit dem «ich» anzugeben versucht, wer handelt. Jetzt musste sie zuerst eine Sicherheit auf der neuen Stufe gewinnen, bis sie den nächsten Schritt in Angriff nehmen und verarbeiten konnte. Indem sie ihre Lernersprache im Gespräch mit den andern Kindern anwandte, zeigte sie, dass sie dazugehört. Die andern Kinder redeten vermehrt mit ihr und bezogen sie in ihre Spiele ein, sodass sie viele Gelegenheiten erhielt, die Sprache richtig zu hören. Nach wenigen Wochen fiel mir auf, dass sie die Verben richtig konjugierte und zwar so selbstverständlich, wie wenn sie das immer so getan hätte.

- Falsche Sätze oder Wörter können von der Kindergärtnerin richtig wiederholt werden. Dies soll aber nicht jedesmal geschehen, wenn ein Kind den Mund öffnet. Sonst wird die Kindergärtnerin zum «plappernden Papagei»! Innerhalb eines Gespräches werden die verbessernden Wiederholungen nur verwendet, wenn diese zum Verständnis beitragen.
- Die Kindergärtner/innen beobachten die Fehler und Fortschritte. Bei weitem nicht alle Fehler sind wirkliche Fehler, sondern sie entsprechen den Zwischenstufen in der Lernersprache.
- Besonders bei Kindern, die schon ziemlich gut Schweizerdeutsch sprechen, sollen die Fehler beobachtet werden. Die Kindergärtnerin denkt sich Spiele oder Situationen aus, bei denen die Kinder die richtige Form hören und üben können.

Ein Heft zur Kontrolle

Bei einer ganzheitlichen Sprachförderung ist es nicht möglich, wie in einer Prüfung den Sprachstand zu kontrollieren. Trotzdem müssen die Fortschritte beobachtet und registriert werden. Kindergärtner/innen oder Mundartlehrer/innen führen über jedes Kind ein Heft oder einen Ordner. Sie notieren den Sprachstand am Anfang

> ### Korrekturen können helfen oder hemmen
>
> Ein kroatisches Mädchen war sich von zu Hause gewohnt, korrigiert zu werden, weil seine Eltern gut Deutsch konnten. Es nahm meine Korrekturen gelassen zur Kenntnis. Manchmal wiederholte es die Aussage in der verbesserten Form. Es konnte sich den Fehler auch merken. Andere Male ging es darüber hinweg, als hätte ich nichts gesagt.
> In der gleichen Klasse war ein kroatischer Junge, der ebenfalls zu Hause korrigiert wurde. Als ich ihn einmal auf einen Fehler hinwies, zog er verkrampft die Schultern hoch und verhaspelte sich beim Weitersprechen. Ich korrigierte ihn seither nur sehr vorsichtig.

des Jahres, beobachten die Entwicklung und das Verhalten im Kindergarten, in der Kleingruppe und beim Spielen mit anderen Kindern. In diesem Heft werden auch Gespräche mit den Eltern, der Tagesmutter oder Hortnerin festgehalten.

Wöchentlich wird notiert, wie das Kind auf Spielangebote reagiert, in welchen Situationen es besonders zu motivieren ist. Diese Einträge sind sehr wichtig für die Planung neuer Spielangebote und Sprechanregungen. Das Festhalten der Beobachtungen bewahrt die Kindergärtnerin oder Mundartlehrerin davor, stille und angepasste Kinder zu übergehen und sich nur an den wilden und besonders aktiven zu orientieren.

Einmal im Monat werden einzelne Äusserungen der Kinder, Sätze oder Wortketten wörtlich notiert und mit Datum versehen. Daran lässt sich eine Entwicklung ablesen; es fällt auf, wenn ein Kind über längere Zeit keine Fortschritte macht.

Kinder korrigieren sich gegenseitig

Einige Kinder spielten zusammen mit Legobausteinen. Ein türkischer Junge erzählte von einem Mädchen und sagte: «Er hat Lego geholt». Ein anderes Kind störte sich am falsch gebrauchten Pronomen und protestierte: «Du musst ‹sie› sagen! ‹Er› ist für Buben!» Gemeinsam fingen sie an, der Reihe nach auf die Kinder zu zeigen und riefen dazu: «Er, sie, sie, er.»

Teil II
Konkrete Erfahrungen im Alltag

Kindergeschichten zum Zweitspracherwerb

Keine Rezepte für individuelle Prozesse

Eine Kindergärtnerin und eine Mundartlehrerin haben anhand einzelner Kinderbeispiele versucht aufzuzeigen, wie verschieden die Ausgangslage für die Kinder ist und wie unterschiedlich daher der Zweitspracherwerb verläuft. Die Beispiele zeigen, dass keine vorgefassten Rezepte angewendet werden können. Es geht immer um sehr individuelle Prozesse, die viel psychologisches Einfühlungsvermögen voraussetzen. Die Situation jedes Kindes muss berücksichtigt und einbezogen werden, was viel Einzel- und Kleinstarbeit verlangt.

Es muss berücksichtigt werden, dass die Kinder – auch wenn sie sprachlos wirken – eine Sprache mitbringen, die nicht übergangen werden darf.

Claudia im Kindergarten: Ichwottau!

Claudia ist Italienerin. Als sie in den Kindergarten eintrat, wohnte ihre Familie noch nicht lange in der Schweiz. Der ältere Bruder besuchte die Kleinklasse E (Kleinklasse für neueingereiste, fremdsprachige Kinder). Der Vater arbeitet als Gipser, die Mutter führt den Haushalt und geht abends Büros putzen. Obwohl die Familie erst seit kurzem in der Schweiz lebt, scheint sie sich nicht allzu fremd zu fühlen. Die Mutter hat bereits Kontakte zu andern italienischen Frauen im Quartier geknüpft. Claudia war klein, zierlich und eines der jüngsten Kinder des Kindergartens. Ihre Zeichnungen waren noch im Kritzelstadium.

Claudia merkte sehr schnell, dass sie ihren ersten Satz: «Ichwottau!» (Ich will auch) in vielen Situationen anwenden konnte. Sie ging beispielsweise zur Türe und sagte: «Ichwottau!», was bedeutete, dass sie zur Toilette gehen wollte. Oder sie trat zu den Kindern in der Puppenecke und sagte: «Ichwottau!» Und alle wussten, dass sie mitspielen wollte. Claudia hatte offensichtlich Spass daran, auf diese einfache Weise ihre Bedürfnisse ausdrücken zu können.

Sie lernte sehr schnell weitere deutsche Begriffe, die sie immer gleich anwendete. Wenn sie etwas nicht verstand, erklärte ich es ihr auf Italienisch. Schon bald wollte sie jedoch, dass ich nur noch Deutsch mit ihr spreche, da sie ja Deutsch lernen wollte. Und das tat sie auch! Trotzdem waren wir auch nach einem Jahr manchmal noch froh, dass ich ihr bestimmte Wörter übersetzen konnte.

Die Mutter von Claudia freute sich über die Fortschritte ihrer Tochter und man merkte, dass sie stolz auf ihre Kinder ist. Die Familie machte einen zufriedenen Eindruck – für Claudia eine wichtige Vorbedingung. Die Eltern gaben sich Mühe und sprachen ein gutes Italienisch mit ihren Kindern. Zu Hause wurden Geschichten erzählt, Kinderverse gelernt und Lieder gesungen.

Mir war es wichtig, dass sich Claudia schnell im Kindergarten wohl fühlen konnte. Da ich etwas Italienisch spreche, konnte ich ihr übersetzen. So wusste Claudia von Anfang an, worum es jeweils bei einem Spiel oder bei einer Geschichte ging und konnte sich die entsprechenden Wörter viel rascher merken. Claudia fiel es leicht, Kontakte zu den andern Kinder zu knüpfen. Dabei übte sie ihren Wortschatz und konnte sich verbessern.

Esra im Mundartunterricht: Langes Schweigen

Die grossgewachsene, schlanke Esra mit dem langen dunklen Haar stammt aus Kosovo. Sie besuchte den Mundartunterricht, trat erst im Laufe des Jahres in die Gruppe ein und hatte anfänglich grosse Probleme. Über die Familienverhältnisse und ihr Leben in der Heimat ist fast nichts zu erfahren. Vermutlich lebte sie bei ihrer Grossmutter, durfte aber fast nie ins Freie. Ihre Eltern und der ältere Bruder lebten schon länger in der Schweiz.

Esra wirkte anfänglich sehr scheu und ängstlich. Die meiste Zeit sass sie ganz still, mit ihrem Stuhl eher etwas zurückversetzt, als sollte man sie nicht bemerken. Sie beteiligte sich überhaupt nicht am Unterricht. Lange war nicht klar, ob sie wegen ihrer Sprachschwierigkeiten oder wegen ihrer Schüchternheit nichts sagte. Nur beim Zeichnen verlor sie ihre Zurückhaltung: Sie malte und zeichnete mit viel Sorgfalt und Geduld. Fast schien es, als ob sie im Zeichnen eine für sie mögliche Ausdrucksform gefunden hätte. Aus eigener Initiative sprach sie aber nie. Wurde sie aufgefordert, in einem Spiel ein Wort oder einen Satz zu sprechen (zum Beispiel: «Müsli, Müsli was machsch im Garte»?), wurde ersichtlich, wie leicht sie Wörter und Sätze nachsprechen konnte. Im Kindergarten war sie meist sehr ruhig.

Einmal vergass die Kindergärtnerin, Esra zum Mundartunterricht zu schicken. Ich ging sie holen und wollte sie in die Mundartgruppe führen. Sie erschrak aber sehr und weinte völlig hilflos, sodass ich sie rasch wieder in den Kindergarten zurückbrachte.

Fast ein halbes Jahr nach ihrem Eintritt in den Kindergarten feierte Esra ihren Geburtstag. Sie stand im Mittelpunkt und genoss dies auch. Anschliessend kam sie in die Mundartlektion; strahlend brachte sie ein Stück Torte mit. Das sonst so scheue Mädchen begrüsste mich herzlich. Der Bann war gebrochen, Esra fühlte sich jetzt zugehörig und plauderte unbefangen. Das Erfreulichste war: Esra hatte einen grossen Wortschatz gespeichert, den sie jetzt, da sie sich als Teil der Gruppe fühlte, freudig gebrauchte.

Nach kurzer Zeit gehörte Esra zu den Besten der Gruppe. Sowohl im Kindergarten als auch in der Mundartgruppe nahm sie eine ganz neue Stellung ein: Sie begann die kleineren Kinder beim Werken und Spielen zu unterstützen. Ihre Erzählungen wurden lang und farbig. Manchmal musste ich sie fast bremsen und darauf aufmerksam machen, dass auch andere Kinder reden möchten. Vom Kindergarten und von ihren Erlebnissen wusste sie viel zu erzählen, nur über ihre Familie sprach sie spärlich.

Manchmal stiegen mir in den ersten fünf Monaten Zweifel auf, ob ich Esra auch gerecht würde, indem ich sie nicht zum Sprechen zwang und sie in dem ihr entsprechenden Mass teilnehmen liess. Es hat sich dann als richtig erwiesen: Für Esra war es wichtig, genug Zeit zu haben, um sich einzuleben und Vertrauen in ihre Umgebung wie auch zu sich selbst zu finden.

Heute ist Esra ein selbstbewusstes Mädchen, das den Anforderungen der Schule sicher genügen kann.

Serkan im Mundartunterricht: Lernen nach Launen

Der kleine selbstbewusste Türkenjunge hatte grosse Mühe im Kindergarten zurechtzukommen. Auch im Mundartunterricht verhielt er sich passiv bis ablehnend. Als Einzelkind bekam er die ganze Aufmerksamkeit seiner Eltern. Seine Rundlichkeit zeigte deutlich, dass er Zuwendung auch über Süssigkeiten bekam. Er machte nur das, wozu er gerade Lust verspürte und hatte entsprechend Mühe, sich in die Gemeinschaft einzufügen. Er bemühte sich in keiner Weise, die Kinder oder die Kindergärtnerin zu verstehen. Er bestimmte klar, was er verstehen wollte und was nicht. Fast schien es, als ob er seine Sprachprobleme ausnützen wollte, indem er überhaupt nicht reagierte, wenn er keine dazu Lust hatte.

Serkan hatte für sich eine Möglichkeit gefunden sich zu verständigen, wenn es nötig war: Er liess sich von Öslem, einem Türkenmädchen, alles übersetzen. Sie passte für ihn auf, forderte ihn auf, richtig auf den Stuhl zu sitzen, eine Zeichnung zu machen. Aber auch sie konnte nichts ausrichten, wenn er keine Lust hatte. Dann legte er seinen Kopf auf die Arme und liess nichts mehr an sich heran.

Einige Monate später bekam Serkan eine kleine Schwester. Vielleicht stand er nun zu Hause nicht mehr so stark im Zentrum, und langsam begann er sich für Kindergarten und Mundartunterricht zu interessieren. Spiele machten ihm Spass. Schon bei der Begrüssung murmelte er: «Spile hä?» Beim Verkäuferlispiel war er mit Begeisterung dabei. Voll Stolz kaufte er immer wieder Nüsse ein – dieses Wort hatte er sich gemerkt. Manchmal probierte er jetzt ohne Dolmetscherin eine Frage zu stellen. Beim Basteln und Zeichnen vergass er seine Zurückhaltung und seine häufige Unlust. Mit Begeisterung knetete er eine kleine Katze oder malte eine Stadtzwergin aus. Fast ohne Fehler bezeichnete er die ausgewählten Farbstifte. «Gib rot!» konnte er nun befehlen.

Nach fünfviertel Jahren war Serkan immer noch kugelrund, und seine Lieblingsbeschäftigung war essen. Er beteiligte sich aber stark am Geschehen im Kindergarten und in der Mundartförderung. Seine Deutschkenntnisse waren zwar mässig: Er verstand wohl, was gesagt wurde, hatte aber selber immer noch Mühe, sich verständlich auszudrücken.

Erst mit seiner schrittweisen Ablösung aus der starken Mutterbindung wurde es ihm möglich, sich im Kindergarten etwas besser zu integrieren und in ganz kleinen Schritten die Zweitsprache zu erlernen. Seine Dolmetscherin brauchte er immer weniger. Öslem ist im gleichen Zeitraum selbständiger geworden und lässt sich von ihm auch nicht immer für Übersetzungen und irgendwelche Hilfeleistungen einspannen.

Paolo im Mundartunterricht: Verweigerung

Paolo besuchte neben dem Kindergarten auch den Mundartunterricht. Er ist der jüngste seiner Familie. Die älteste Schwester ist behindert, die zweite ein sehr aufgewecktes Mädchen, das die Mundart leicht erlernt hatte. Die Eltern hofften, dass der Sohn mindestens ebenso leicht und gut im Kindergarten zurechtkommen und die Sprache schnell lernen würde. Dies erwies sich als Täuschung und Enttäuschung – vor allem für die Eltern.

Paolo war sehr jung, als er in den Kindergarten eintrat. Verträumt und selbstvergessen staunte er umher, setzte sich zwar zu den Pantoffeln, kam aber nicht auf die Idee, diese anzuziehen. Auch die Kleider zog er nur nach einer deutlichen Aufforderung an. Dem Erwartungsdruck seiner Eltern versuchte er sich zu entziehen, indem er das Kleinkind spielte.

Im Mundartunterricht verhielt er sich ähnlich. Er liess sich bedienen, träumte vor sich hin und liess sich nur ganz selten durch ein Spiel aus seinen Träumereien herausholen. Zu Hause forderte die Mutter ihre Tochter immer wieder auf, mit Paolo Schweizerdeutsch zu lernen, aber er hatte offenbar keine Lust dazu. Er verstand es, dem Druck der Mutter zu widerstehen. Erst als es in intensiven Gesprächen gelang, diese zu überzeugen, ihre Erwartungen zurückzunehmen, wurde es Paolo möglich, aus sich herauszugehen und erste schweizerdeutsche Brocken zu sprechen. Erst jetzt hatte er auch den Mut zu sagen, wenn er etwas nicht verstanden hatte. In unvollständigen oder in Ein-Wort-Sätzen plauderte er jetzt drauflos.

Beim Ausmalen eines Bildes begann er plötzlich vor sich hin zu summen: «Ich maale, maaale, maale, maaale.» Er bildete mit seinen Worten die schönsten Melodien und steigerte sich schliesslich sogar zum Singsang: «Male rot».

Da die andern Kinder ebenfalls mit Malen beschäftigt waren, fand niemand Zeit, über seine Sing- und Sprechübungen zu kichern. Das machte ihm Mut. Immer häufiger nahm er engagiert teil und wagte auch Fehler zu machen.

Luigi im Mundartunterricht: Mängel auch in der Muttersprache

Luigi, ein Italienerknabe, besuchte den Mundartunterricht als zweiter seiner Familie: Ein Jahr zuvor nahm bereits seine Schwester am Unterricht bei mir teil. Im Kindergarten hatte er grosse Konzentrationsprobleme. Seine Schwierigkeiten mit der Sprache – er konnte sich noch kaum verständigen – kompensierte er mit auffälligem Verhalten. Durch jede Kleinigkeit liess er sich ablenken, er war immer bereit aufzustehen und im Zimmer umherzugehen; er war sehr aggressiv und entfachte schnell einen Streit.

Es dauerte etliche Zeit, bis er versuchte, die ersten Ein-Wort-Sätze zu bilden. Dies blieb lange Zeit seine einzige Möglichkeit Deutsch zu sprechen. Seine Zeichnungen und sein Verhalten liessen vermuten, dass intellektuelle Mängel vorhanden waren. Bei Luigi zeigte sich auch deutlich, was es heisst, die Muttersprache nicht richtig zu kennen: Im Lauf der Zeit stellte sich nämlich heraus, dass sein italienischer Wortschatz ganz klein war, und dass er viele Dinge auch in italienischer Sprache nicht benennen konnte. Seine Schwester hatte ebenfalls langsam Deutsch gelernt, aber sie konnte sich wesentlich besser konzentrieren und war bei den Spielen intensiv und engagiert dabei.

Es war klar geworden: Luigi brauchte eine Umgebung, die ihn akzeptiert, in der er nicht immer der Letzte ist und nicht stets der Einzige, der noch nichts versteht. Deshalb einigten sich die Kindergärtnerin und ich darauf, ihn als Grossen in die Gruppe der Kleinen aufzunehmen. Das erwies sich als gute Lösung. Hier war er mit seinen schlechten Sprachkenntnissen und seinem unkonzentrierten Verhalten weniger dem Spott der andern Kinder ausgesetzt, hier fiel auch die Rivalität weg. Bald hatte er sein auffälliges Verhalten nicht mehr nötig.

Drei Monate vor Schuleintritt konnte Luigi, der vorher nie in der Lage gewesen war, zu einem Bilderbuch oder zu einem Erlebnis etwas zu sagen, eine vollständige Bildergeschichte erzählen. Sein Wortschatz war zwar immer noch sehr klein, sein Satzbau schlecht. Aber jetzt hatte er den Mut etwas zu sagen, aber auch den Mut, einfach zuzuhören oder etwas mitzuerleben. Er konnte es in der kleinen Gruppe auch ertragen, wenn ihm etwas nicht nach Wunsch gelang oder wenn seine allzu lustige Ausdrucksweise die übrigen Kinder zum Lachen brachte.

Benin im Mundartunterricht: Mimik statt Sprache

Benin kommt aus Bosnien. Im Mundartunterricht war er anfänglich scheu, doch mochte er sich gerne mitteilen. Zuerst stand er im Schatten seiner redegewandteren Spielkameraden, die meist mit viel Temperament und Gestik ihre Meinung kundtaten oder lange Familiengeschichten erzählten. Dann sass Benin einfach da und hörte zu. Zwar verstand er vieles, hatte aber selber nur einen ganz kleinen Wortschatz und konnte deshalb kaum selber etwas erzählen. Er wurde dann in eine Mundartgruppe eingeteilt, in der alle Kinder nur geringe Deutschkenntnisse hatten. In dieser Gruppe fand Benin die Möglichkeit sich auszudrücken, er begann die ihm fehlenden Worte durch Gestik und Geräusche zu ersetzen. Er merkte bald, dass er mit seiner Ausdrucksweise die andern fesseln konnte, dass sie ihm interessiert zuhörten, wenn er zum Beispiel seine Erlebnisse mit den Hexen am Fastnachtsumzug erzählte. Tsch,tsch und gs gs gsgs waren seine Wörter paff und puff brauchte er für Lärm. Mit Klatschen und Stampfen unterstrich er seine Erzählungen. Für die zuhörenden Kinder entstand ein farbiges Bild seiner Erlebnisse.

Benin brauchte wohl auch die kleine Gruppe, in der er seine oft schwierigen Familienerlebnisse erzählen konnte. Im zweiten Kindergartenjahr machten seine Sprachkenntnisse merkliche Fortschritte. Auf erklärende Gestik und Geräusche verzichtete er in dem Mass, wie sein Wortschatz zunahm. Benin begann ganz spontan zu reden und verlor die anfängliche Ängstlichkeit.

Ayşe im Kindergarten: Zuerst das Fremde überwinden

Ayşe kam im dritten Quartal des Schuljahrs in den Kindergarten. Die Mutter war mit den Kindern erst vor kurzem aus der Türkei nach Zürich gekommen, wo der Vater schon seit einigen Jahren als Hilfskoch arbeitet. Die Familie spricht Kurdisch und Türkisch. Ayşes Mutter ist Analphabetin und fühlte sich in der ersten Zeit sehr fremd in Zürich. Sie ist Hausfrau, trägt traditionelle kurdische Kleider. Als ich sie kennenlernte, war sie sehr spontan und herzlich zu mir, zur Begrüssung küsste sie mich. Nach einigen Tagen bemerkte sie aber, dass mich die andern Mütter nicht so begrüssen, und sie zog sich verunsichert zurück.

Ayşe hatte eine grössere Schwester, die die Einführungsklasse besuchte, und einen zweijährigen Bruder. Sie ist ein grossgewachsenes, sehr hübsches Mädchen. Als ausgesprochene Einzelgängerin schloss sie sich auch den zwei andern türkischen Mädchen im Kindergarten nicht an, obwohl sich diese sehr um sie bemühten und sie in ihrer eigenen Sprache immer wieder ansprachen. Der Vater erzählte mir, dass Ayşe auch in der Türkei gerne allein gespielt habe.

Ayşe wollte nicht Deutsch lernen. Sie war überzeugt, dass sie das nicht könne. Wenn ich mit ihr oder mit der Kindergruppe sprach, wandte Ayşe den Kopf weg. Sie zeigte, dass sie nichts verstand. Ich versuchte ihr mit Hilfe der beiden andern türkischen Mädchen zu zeigen, dass sie sicher Deutsch lernen könne. Sie solle versuchen, etwas nachzusprechen. Sie wies meinen Vorschlag vehement von sich und erklärte den beiden Mädchen auf Kurdisch, dass sie deutsche Wörter einfach gar nicht sagen könne. Darauf versuchte ich es mit spielerischen Lautübungen. Aber selbst das interessierte sie nicht.

Auch die Mutter sah keine Kommunikationsmöglichkeit mit mir. Sie zuckte meist hilflos die Schultern oder suchte Übersetzungshilfe bei einem andern Kind, wenn ich versuchte, ihr etwas zu erklären. Es gab keine Verständigung, obwohl ich eigentlich viel Übung darin habe, ausländischen Eltern nonverbal und auf bildliche Art einfache Sachen zu erklären.

Ich beschloss dann, das Nichtsprechenwollen von Ayşe nicht mehr zu beachten und gab ihr im Freispiel didaktische Spiele. Ich nahm mir Zeit, mit ihr zu spielen, um so einen Zugang zu finden. Bald konnten wir auf nonverbale Art gut miteinander kommunizieren, und Ayşe begann herzhaft zu lachen, wenn ihr etwas gefiel. Sie hatte grosse Freude an einfachen Spielsachen, die ihr noch nicht bekannt waren. Sie konnte sich oft über längere Zeit, manchmal eine ganze Stunde lang, damit beschäftigen. Eine Zeitlang interessierte sie sich für eine quietschende Ente aus Plastik. Während mehrerer Tage spielte sie mit ihr, indem sie sie genau untersuchte, sie quietschen liess. Später nahm sie die gelbe Ente an andere Spielorte mit.

Nach einem Monat sagte Ayşe zum ersten Mal etwas auf Deutsch: Sie wusste, dass beim Spiel «Teresina sitzt im Garten» das mitspielende Kind nur erraten werden konnte, wenn es fragte: «Warum brüelisch?» Da sie unbedingt mitspielen wollte, sagte sie den Satz.

Gegen Ende des Schuljahres mussten wir uns mit dem Übertritt befassen. Die Schulärztin schrieb nach einem Test: «Viel kann man über das Kind im Moment nicht sagen, ausser, dass es doch eher langsam lernt, sich natürlich auch nicht getraut, sich Deutsch auszudrücken. Zählen kann Ayşe hingegen fliessend von eins bis zwanzig. In den nonverbalen Teilen der Testaufgaben zeigt das Kind Probleme in der Formerfassung und Wiedergabe, es kann wohl seinen Namen abschreiben, aber etliche Buchstaben sind noch in der Spiegelbildschrift. Die Mengenerfassung ist ebenfalls sehr rückständig. Hingegen ist das Kind körperlich sehr gross und vom Alter her unmöglich mehr in einem Kindergarten zu belassen. Eine Einschulung in die erste Klasse ist für dieses ungeförderte und eher langsam arbeitende Kind aber eine Überforderung, sodass trotz vielen Bedenken nur noch die Einschulungsklasse (Erstklassstoff auf zwei Jahre verteilt) in Frage kommt ...».

Bis zum Zeitpunkt der Einschulung hatte sich Ayşe einen kleinen passiven Wortschatz angeeignet. Ihr gesamtes Auftreten war sicherer und mutiger geworden, und sie hatte einige Techniken gelernt wie schneiden und leimen.

Kurz vor Kindergartenende ist mir aufgefallen, dass sich auch die Mutter nicht mehr so fremd fühlte. Sie hatte Sicherheit gewonnen im Umgang mit andern Eltern, Behörden und weiteren Personen. Ayşes Vater, der schon ein wenig

Deutsch sprechen konnte, sah die Schwierigkeiten seiner Tochter, und er unterstützte sie in ihren Integrationsbestrebungen soweit es seine Freizeit neben der strengen Arbeit zuliess.

Bei Ayşe war es wichtig, das Hauptgewicht nicht in erster Linie auf die Sprachförderung zu legen, sondern darauf, dass sie sich wohl fühlen und Kontakte aufnehmen konnte. Es war wichtiger zu lernen, sich nonverbal zu verständigen, als mit der Sprache herumzukämpfen. Leider kann ich nicht Türkisch. Bei Ayşe hätte das wohl einiges erleichtert. Sie war zusammen mit ihrer Mutter verunsichert und brauchte Zeit, sich in der neuen Situation zurechtzufinden.

Jegan und Kumar im Kindergarten: Eine Freundschaft

Jegan und Kumar, zwei tamilische Buben, wurden von ihren Vätern angemeldet mit dem Wunsch, dass die beiden zusammen den gleichen Kindergarten besuchen können. Die beiden Familien sind eng befreundet, die Väter arbeiten je als Hilfskoch in einem Restaurant, die Mütter sind Hausfrauen, beide Jungen sind Einzelkinder. Mit dem einen Vater konnte ich mich in Englisch verständigen, der andere lernte bald etwas Deutsch. Beide Mütter sprechen nur Tamil.

Zu Beginn des Kindergartenjahres spielten die beiden Jungen immer zu zweit und redeten Tamil. Sie schienen sich zwar wohlzufühlen, sie genügten sich als Freunde und nahmen die andern Kinder, mich und das Kindergartengeschehen kaum wahr.

Sie spielten im ganzen Kindergarten mit allen Spielsachen, trugen alles von einer Ecke zur andern. Die andern Kinder hatten schon längst gelernt, dass es Spielnischen gibt, wo mit dem entsprechenden Material gespielt wird. Die zwei Jungen hingegen trugen die Legos zum Verkaufsladen, die Puzzleteile in die Puppenecke. Während fünf Wochen etwa musste ich immer wieder mit ihnen aufräumen, bis sie langsam unser Prinzip von Ordnung begriffen hatten.

Bei Aktivitäten im Kreis setzten sie sich immer nebeneinander und zeigten wenig Interesse für das, was wir gemeinsam machten. Sie plauderten oder spielten miteinander. Kumar fühlte sich ohne Jegan recht verloren, deshalb getraute ich mich anfänglich nicht, die beiden auseinanderzusetzen. Ich versuchte zuerst, den Kontakt zu jedem einzeln aufzubauen.

Kumar konnte sich nur für ganz kurze Zeit konzentrieren, das Kindergartengeschehen schien ihn überhaupt nichts anzugehen. Jegan begann sich eher für die andern Kinder zu interessieren und versuchte einige Wörter zu verstehen. Bald musste er auch für Kumar übersetzen, der sich selber nichts zutraute, sondern immer auf Jegan schaute.

Bei Werkarbeiten wie kleben und schneiden waren beide recht ungeschickt. Jegan lernte allerdings einiges von mir und den andern Kindern, indem er zuschaute und nachahmte. Kumar hingegen liess sich immer helfen. Er war fahrig und nervös, wenn er etwas basteln sollte, hielt er mir sein Werkstück hin und gab mir mit Gesten zu verstehen, dass ich es für ihn erledigen solle.

Die Abhängigkeit Kumars war für Jegan motivierend: Er musste für beide verstehen oder ausführen. Dies stärkte seine Selbständigkeit. Hingegen hatte Kumar überhaupt nicht den Anspruch, selber etwas zu verstehen oder zu lernen. Nach etwa drei Monaten begann sich Jegan vermehrt für die andern Kinder zu interessieren, er wurde ein beliebter Spielkamerad. Er versuchte seine ersten Wörter anzuwenden. Kumar stand etwas frustriert daneben. Ihm schienen die Spiele zu kompliziert und zu fremd, und er sah keine Möglichkeit, wie er mitspielen sollte.

In dieser Zeit suchte ich verstärkt Kontakt zu Kumar aufzubauen, ohne dass Jegan immer übersetzte oder für Kumar mein Deutsch deutete. Es war mir wichtig, mit ihm Spiele auszuprobieren, bei denen die Feinmotorik gefördert werden konnte, da er ziemlich ungeschickt war. Wir schraubten beispielsweise mit Holzschrauben. Wir lernten Würfelspiele oder mit der Briobahn spielen und somit Techniken, die er im Spiel mit den andern Kindern anwenden konnte. Mit der Zeit fasste er etwas Vertrauen zu mir und schien sich auch oft im Kindergarten zu freuen. Er begann mit den andern Kindern zu lachen und war übermütig. Er war glücklich, wenn ihn andere Kinder zu einem Spiel aufforderten. Sein passiver Wortschatz vergrösserte sich. Die Freundschaft von Kumar und Jegan war immer noch innig, aber nicht mehr so ausschliesslich. Es war für beide Buben sehr wichtig, dass sie nicht einfach in ihren Rollen belassen wurden, sondern jeder selbständig Kontakte knüpfen konnte.

Ich suchte schon am Anfang des Kindergartenjahres den Kontakt zu den Eltern. Nach zwei Monaten führten wir ein erstes Gespräch, indem ich sie ermunterte, Filzstifte und Papier, Schere und Leim zu kaufen. Ich gab ihnen auch Adressen an, wo diese günstig zu beziehen waren. Bei einem weiteren Gespräch nach etwa einem halben Jahr versuchte ich, Jegans Vater zu zeigen, dass der Junge besonderer Aufmerksamkeit bedurfte, da er im feinmotorischen Bereich recht ungeschickt war und langsam lernte. Der Vater war bereit, geeignete Spielsachen zu kaufen oder vom Kindergarten auszuleihen. Die Eltern waren sehr interessiert und zur Mithilfe bereit. Wir liessen Kumar bei der Schulärztin abklären, ob er eine spezielle heilpädagogische Förderung nötig hatte.

Innige Freundschaften unter Kindern mit der gleichen, uns aber fremden Muttersprache werden in Kindergärten oft ungern gesehen. Man befürchtet, die Kinder würden nicht Deutsch lernen. Dies traf natürlich auch bei Kumar und Jegan zu, da sie sich anfänglich absolut genügten. Trotzdem konnten sie sich in dieser Zeit an die schweizerdeutsche Sprache gewöhnen, ohne sie gleich zu verstehen.

Mir scheint es wichtig, dass sich die Kinder zuerst wohl fühlen im Kindergarten; erst in zweiter Linie steht der Zweitspracherwerb. Ich verbiete nicht, im Spiel die Muttersprache zu gebrauchen, da mir ein intensives Spiel sehr wichtig ist. Die Kinder sollen nicht das Gefühl bekommen ihre Muttersprache sei verboten und dürfe nur heimlich benützt werden. Ich beobachte die Gruppe und versuche den Kontakt untereinander zu fördern.

In Gruppenarbeiten trenne ich die Freunde für kurze Zeit, um ihnen zu ermöglichen, mit andern Kindern zusammenzuarbeiten und die festgefügten Rollen der Zweierbeziehung langsam zu lösen.

Mit Muttersprachen Brücken bauen

Fremde Muttersprachen im Kindergarten

Die Forderung, fremde Muttersprachen im Kindergarten gelten zu lassen, mag in einem Buch zum Thema «Schweizerdeutsch lernen» wie ein Widerspruch wirken. Im Kapitel zur Muttersprache als Erstsprache wurde aufgezeigt, dass die Muttersprache für jeden Menschen wichtig ist als Teil seiner Identität. Gerade bei Kindern im Kindergartenalter ist eine Weiterentwicklung der Muttersprache enorm wichtig für den Aufbau einer bikulturellen Identität sowie als Grundlage für den Aufbau der Zweitsprache.

Muttersprachen finden einen Platz im Kindergartenalltag

Die Kindergärtnerinnen können fremde Muttersprachen nicht aktiv fördern, aber sie können entscheidend zu einer Bestätigung beitragen, indem sie fremde Muttersprachen in den Unterricht einbeziehen. Dadurch können Eltern zur Förderung der Muttersprache angeregt werden. Jede Kindergärtnerin muss sich mit den Muttersprachen der Kinder auseinandersetzen. Es ist ein grosser Vorteil, wenn sie die Sprache der Kinder versteht und spricht. Sie kann damit einen Kontakt zum Kind aufbauen, kann trösten, erklären, vermitteln. Die Kinder erleben, dass sie sich ihrer Muttersprache nicht zu schämen brauchen, da sie auch von der Kindergärtnerin gesprochen wird. Sobald sich die Kinder eingelebt haben, werden sie, trotz gelegentlichen Verständigungsmöglichkeiten in der eigenen Sprache, Schweizerdeutsch lernen.
Viele Kindergartengruppen sind aber heute so international zusammengesetzt, dass kaum alle Sprachen verstanden und gesprochen werden können. Trotzdem muss versucht werden, einen Bezug zur fremden Sprache herzustellen. Die verbale Beteuerung, Fremdes nicht abzulehnen, sowie vom Kind ab und zu einen Ausdruck in seiner Muttersprache sprechen zu lassen, genügen bei weitem nicht, um die Muttersprache zu unterstützen.
Zuerst muss jede Kindergärtnerin wissen, mit welcher Sprache oder welchen Sprachen die Kinder aufwachsen. Türkisch oder Kurdisch oder Aramäisch? Slowenisch oder Albanisch? Tamil oder Singhalesisch? Man kann dabei auf Sprachen stossen, von denen man nicht einmal den Namen kannte.

Wörterbuch wird zum Gespräch

Endlich war ein Wörterbuch Albanisch-Deutsch erhältlich. Ich stiess darin auf etliche Wörter, die ich aus dem Französischen oder Italienischen kannte (binar-i = Gleise, Alpe-t = Alpen). Andere Wörter empfand ich als wortmalerisch (fluturoj = fliegen). Allerdings staunten mich die albanischen Kinder gross an, als ich ihnen meine neue Entdeckung zeigte. Sie konnten mein «Albanisch» nicht verstehen. Viele der Wörter scheinen auch in den verschiedenen Herkunftsregionen Albanien, Kosovo, Mazedonien, Montenegro unterschiedlich zu sein. Wir fanden aber auch Wörter, welche die Kinder eindeutig verstehen konnten. Unter den Kindern entstand ein reges Gespräch über albanische Wörter.

(Armin Hetzer: Albanisch-Deutsches Wörterbuch. Verlag: Helmut Buske, Hamburg 1990)

Hilfsmittel: Wörterbuch

Im Kindergarten sollten wenn möglich die Wörterbücher der vorkommenden Sprachen zur Verfügung stehen. Obwohl ein Wörterbuch in manchen Situationen herzlich wenig nützt, lässt sich darin trotzdem vieles entdecken. Man kann die Schriftzeichen sehen, die Zahlenreihe, vielleicht erkennt man beim Durchblättern einzelne bekannte Wörter.

Dass die Kindergärtnerin ein Buch in der Muttersprache hat, ist für viele Kinder ein wichtiges Erlebnis. Das Wörterbuch soll auch den Eltern gezeigt und zum Kauf empfohlen werden. Wenn die Kinder schon früh erfahren, dass Wörter nachgeschlagen werden können, wird ihnen dies den späteren Gebrauch eines Wörterbuches erleichtern.

Die Namen der Kinder

Mit den fremdsprachigen Kindern tauchen auch fremd klingende Vornamen in den Kindergärten auf. So, wie die Kindergärtnerin einen Namen ausspricht, wird ein Kind möglicherweise für die ganze Schulzeit heissen. Daher ist es wichtig, sich bei den Eltern genau zu erkundigen, wie ein Name ausgesprochen werden muss. Es kann als Verletzung der eigenen Identität und Kultur empfunden werden, wenn der Vorname verändert wird.

Zweisprachige Identität

Fremdsprachige Kinder werden im Kindergarten zu zweisprachigen Kindern. Allgemein wird Zweisprachigkeit gelobt und bewundert, vor allem wenn es sich um Sprachen handelt, die ein hohes Prestige haben wie Englisch und Französisch. Fremdsprachige Kindergartenkinder erleben sich im Kindergarten mit oder wegen ihrer Muttersprache und dem mangelhaften Deutsch aber als benachteiligt: Sie müssen Schweizerdeutsch lernen, von der Muttersprache wird kaum gesprochen. Es kommt nicht selten vor, dass sich Kindergartenkinder schämen, weil sie mit ihrer Sprache anders sind. Die Kinder müssen also beim Aufbau einer bikulturellen und zweisprachigen Identität unterstützt werden. Es darf weder die Muttersprache noch die Zweisprachigkeit ignoriert werden, sie sollen als Selbstverständlichkeit und als Reichtum erlebt werden können.

Zweisprachigkeit als Thema

Die Zweisprachigkeit kann im Kindergarten auf positive Art dargestellt und erlebt werden. Zum Beispiel können Geschichten und Erlebnisse erzählt werden, die von zweisprachigen Menschen oder Wesen handeln, von Kindern, die das Zauberwort in zwei Sprachen kennen und dadurch die schwierigsten Aufgaben lösen, von Identifikationsfiguren, die eine zweite Sprache lernen. Allerdings müssen diese Geschichten selber erfunden werden, denn es gibt wohl Märchen von Menschen, welche die Tiere verstehen können, aber kaum Geschichten von Menschen, die zwei Sprachen sprechen und verstehen. Auch Puppen oder Stofftiere können zweisprachig sein und dadurch lustige Dinge erleben und zu Spielen anregen, bei denen verschiedene Muttersprachen zum Zuge kommen.

Arzu

Ein zehnjähriges türkisches Mädchen stellte sich mit «Arzu» vor. Dabei sprach sie das «z» so aus, wie wir im Deutschen den Buchstaben «z» aussprechen (beispielsweise im Wort «Zug»). Im Türkischen wird ein «z» als weiches, stimmhaftes «s» ausgesprochen. Arzu hat sich angepasst. «Die Schweizer sprechen Arzu halt so aus.»

Der zweisprachige Hase

Von der Schweizerschule in Spanien, an der ich eine Zeitlang gearbeitet hatte, habe ich einen Stoffhasen mitgebracht, den die Kinder gerne mögen. Der Hase ist zweisprachig. Manchmal will er, dass wir ihm eine Seite des Bilderbuches oder ein Spiel auf Spanisch erklären, dafür erzählt er uns dann vom Kindergarten in der Schweizerschule in Spanien.

Muttersprachliche Ausdrücke im Kindergarten

Wenn Kinder im Kindergarten oder im Mundartunterricht neue Ausdrücke lernen, ist es gut, sie gleichzeitig an die Bezeichnungen in der Muttersprache zu erinnern. Allerdings ist die bewusste «Übersetzungsarbeit» für die Kinder oft schwierig; die verlangten Wörter fallen nicht spontan ein oder sind nicht bekannt. Es kann aber auch sein, dass sich ein Kind auf die neue Sprache eingestellt hat und das verlangte Wort blockiert ist. Zum Übersetzen muss es zudem den Ausdruck aus seinem Kontext isolieren können. Würde in der Muttersprache nach dem Ausdruck gefragt, so könnte es diesen vermutlich besser nennen.

Schlüsselwörter

Es gibt oftmals Begriffe, die im Kindergarten für eine Zeitlang sehr wichtig sind. Wird von Zwergen erzählt, so ist der Begriff «Zwerg» wichtig. Damit die Kinder auch zu Hause von ihren Spielen und Geschichten mit Zwergen erzählen können, brauchen sie den Begriff «Zwerg» in ihrer Muttersprache. Kennt ein Kind den muttersprachlichen Begriff für Zwerg, kann es davon erzählen. Es kann mit den Eltern den Zwerg der Kindergartengeschichte mit den Zwergen in Geschichten aus der Herkunftskultur vergleichen. Es kann sein, dass auch die Eltern dazu angeregt werden, dem Kind eine Geschichte, vielleicht eine Sage von Zwergen zu erzählen, die ja in jeder Kultur anders daherkommen.
Wenn die Schulärztin und der Verkehrspolizist in den Kindergarten kommen, sollen die Kinder die wichtigsten Begriffe in der Muttersprache zur Verfügung haben, um daheim darüber berichten zu können.
Das jeweilige Schlüsselwort kann im Wörterbuch gesucht und mit dem Kind verifiziert werden. Ein älteres Geschwister oder die Lehrerin für Kurse in heimatlicher Sprache und Kultur kann mithelfen, den Ausdruck in der Muttersprache herauszufinden. Es ist für die ganze Gruppe im Kindergarten interessant, einzelne Wörter in den verschiedenen Sprachen zu kennen.
Durch solche isolierte Begriffe kann die Muttersprache zwar nicht gefördert, aber immerhin bestätigt werden. Es wird eine Brücke zur Familie geschlagen, und die Eltern können am Kindergartengeschehen teilhaben.

Fremde Schriftbilder

Im Kindergarten können wichtige Dinge und Orte in verschiedenen Muttersprachen beschriftet werden: Garderobe, Toiletten, Puppenecke, Verkaufsstand, Monate oder Jahreszeiten auf einem Kalender, der Zirkus, das Bärenhaus oder der Kindergarten selber. Am Farbenschrank kann ein Plakat hängen, auf dem die Namen der Farben in vielen Sprachen geschrieben sind.
Obwohl die wenigsten Kindergartenkinder schon lesen können, üben Buchstaben eine Faszination auf sie aus. Die Kinder versuchen, die Schriftbilder zu kopieren; sie werden dadurch die Präsenz ihrer Muttersprache realisieren.
Die Mütter können am Anfang des Kindergartenjahres eingeladen werden zu helfen, diese Plakate zu schreiben. Dabei wird gemeinsam der Kindergarten angeschaut; die Mütter sind nicht nur staunende Fremde, sondern eine Hilfe. Die Schrifttafeln wirken auf Kinder wie auf Besucherinnen und Besucher sehr anregend.

Die Strega-Hexe und andere Namen

Im Kindergarten werden viele Namen verteilt: Puppen und Bären erhalten Namen, die Steckenpferde für eine Zirkusnummer, die Familien von Spielzeugbauernhof und Puppenstube, die Wüstenspringmaus und alle ihre Jungen. Menschen und Tiere, die in Geschichten vorkommen – alle bekommen Namen. Dabei können Puppen auch mit einem tamilischen oder portugiesischen Namen bemuttert und bevatert werden, vielleicht heisst der Elefant in der Geschichte «Fil» (fil = Elefant auf Türkisch). Fremdsprachige Kinder stossen dabei auf Bekanntes, die andern Kinder lernen einige Wörter in verschiedenen Sprachen.
Es können auch Doppelnamen gegeben werden, in denen das gleiche Wort beider Sprachen wie ein Begriff auftaucht. Im italienisch-deutschen Hörspiel «Prezzemolina und der verzauberte Kater» kommt beispielsweise die Strega-Hexe

Fest der Mäuse

vor. Die Kombination des italienisch/deutschen Begriffs ermöglicht es dem Kind, beide Wörter gleichzeitig zur Verfügung zu haben, wenn es daheim von der Strega, im Kindergarten von der Hexe erzählen will. Die anderssprachigen Kinder lernen dabei ein italienisches Wort, das sicher nicht schwieriger einzuprägen ist als «Hexe Rumpumpel».

Zahlen, zählen, Zahlenverse

Zählen können gehört zum Kindergarten. Kinder können in verschiedenen Sprachen zählen lernen. Hat ein Kind verstanden, dass Zählen nicht einfach ein hergesagter Vers ist, sondern mit einzelnen Zahlen Dinge abgezählt werden, kann es dies in mehreren Sprachen anwenden. Fremdsprachige Eltern sollen dazu angehalten werden, mit den Kindern Gegenstände abzuzählen. In vielen Kindergärten wird beim Lied vom Elfuhrglöcklein in den verschiedensten Sprachen bis elf gezählt.

Eltern bekommen Aufgaben

Radmila Blickensdorfer-Milovic, Mitarbeiterin im Bereich Ausländerpädagogik der Erziehungsdirektion des Kantons Zürich, forderte an einer Fortbildungstagung die Lehrerinnen und Lehrer auf, den Eltern ihrer Schüler aus dem ehemaligen Jugoslawien die Aufgabe zu geben, ihren Kindern Geschichten und Sagen zu erzählen. Im früheren Jugoslawien war es die Aufgabe der Grossmütter Märchen und Geschichten zu erzählen. Da in der Schweiz meistens nur die Kernfamilie lebt, bekommen die Kinder keine Geschichten mehr erzählt.

Zahlenverse

Spanischer Zahlenreim

Dos y dos son cuatro,
(dos y dos son guatro ~ Zwei und zwei sind vier,)
cuatro y dos son seis,
(guatro i dos son seis ~ vier und zwei sind sechs,)
seis y dos son ocho,
(seis i dos son otscho, ~ sechs und zwei sind acht,)
y ocho dieciseis,
(i otscho: diesiseis, ~ und acht: sechzehn,)
ánimas benditas,
(animas benditas, ~ gesegnete Seelen,)
Me arrodillo yo!
(me arodijo jo! ~ Ich knie nieder vor Euch!)

Schweizerischer Auszählvers

Eins, zwei, drei,
du bist frei!
Uno, due, tre,
(Uno, due, tre, ~ Eins, zwei, drei,)
che vai via te!
(gge wai wia te! ~ du gehst weg!)
Un, deux, trois,
(Ön, dö, troa, ~ Eins, zwei, drei,)
c'est à toi!
(sät a toa! ~ du bist an der Reih'!)

Zahlenvers in Suaheli

(Suaheli braucht keine Aussprachehilfe)
Moja, mbili, tatu, (Eins, zwei, drei,)
Nne, tano, sita, (Vier, fünf, sechs,)
Saba, nane, tisa, (Sieben, acht, neun,)
Farasi kwenda. (Rösslein spring.)
Nimerarua Nguo, (Ich habe mein Kleid zerrissen,)
Haipendezi. (Es gefällt mir nicht mehr.)
Ypelek ee Mamma, (Bring es der Mutter,)
Akaji schone. (Sie wird es wieder flicken.)
Sisi leo hapa, (Wir freuen uns heute,)
Tunafurahia, (Hier unten,)
Na malaika walioko juu. (Und die Engel dort oben.)

Türkischer Zahlenreim

Bir, iki, üç, dört, beş,
(Bir, iki, ütsch, dört, besch, ~ Eins, zwei, drei, vier, fünf,)
altı, yedi, sekiz, dokuz, on.
(alte, jedi, sekis, dokus, on. ~ sechs, sieben, acht, neun, zehn.)
Kırmızı don,
(Kermese don, ~ rote Unterhose,)
gel bizim bahçeye kon,
(gel bisim bachdsche je kon, ~ komm in unseren Garten,)
Sarı limon.
(Sare limon. ~ Gelbe Zitrone.)

Italienischer Zahlenreim

Mi lavo le mani,
(Mi lawo le mani, ~ Ich wasche mir die Hände,)
per fare il pane,
(per fare il pane, ~ um Brot zu backen,)
per uno, per due,
(per uno, per due, ~ für ein, für zwei,)
per tre, per quattro,
(per tre, per ggwattro, ~ für drei, für vier,)
per cinque, per sei,
(per tschinggwe, per sei, ~ für fünf, für sechs,)
per sette, per otto:
(per sette, per otto: ~ für sieben, für acht:)
biscotto.
(bisgotto. ~ Gebäck.)

Kroatisch/Serbischer Zahlenreim

Jedan, dva, tri,
(Jedan, dwa, tri, ~ Eins, zwei, drei,)
potukli se fratri,
(potukli se fratri, ~ zwei Mönche haben sich,)
na crkveni vrati.
(na zrkweni wrati. ~ vor der Kirchentüre geprügelt.)
Jedan drugog tuče
(Jedan drugog tutsche, ~ Einer hat den anderen geschlagen,)
i za kosu vuče.
(i sa kosu wutsche. ~ und dieser hat ihm die Haare ausgerissen.)

41

Geschichten und Bilderbücher in jeder Muttersprache

Manchmal werden Geschichten für die Kindergruppe sehr wichtig, wenn über eine längere Zeit dazu gespielt, gesungen, gezeichnet, gewerkt und gesprochen wird.

Üblicherweise werden Geschichten und Bilderbücher auf Schweizerdeutsch erzählt. Fremdsprachige Kinder können die Geschichten anfänglich nur der Spur nach verstehen. Vieles müssen sie sich selber zusammenreimen. Können fremdsprachige Kinder die Geschichte in ihrer Muttersprache hören, ist das eine grosse Hilfe. Die Kindergärtnerin hat dann die Gewissheit, dass alle Kinder die Geschichte wirklich verstanden haben, so dass sie weitere Aktivitäten darauf aufbauen kann.

Die Kinder verstehen und erkennen Details und Zusammenhänge und können sich bei den Aktivitäten, die zur Geschichte gehören, beteiligen. Gleichzeitig werden sie beim Aufbau ihrer Muttersprache unterstützt. Hören sie die Geschichte nochmals auf Deutsch, können sie Ablauf und Handlung auf Deutsch repetieren. Sie lernen dabei die deutschen Ausdrücke. Mit Geschichten in zwei Sprachen werden beide Sprachen gefördert. Gleichzeitig werden die Eltern dazu angeregt, die eigenen Geschichten zu erzählen.

Bei einem Projekt mit türkischen Kindergärtnerinnen, die für drei Monate in Schweizer Kindergärten mitarbeiteten, war ersichtlich, wie sich die türkischen Kinder sehr schnell im Kindergarten integrieren konnten, weil sie die Spiele, Spässe, Gespräche, Streitereien und Geschichten richtig verstehen konnten. Im Abschlussbericht über dieses Projekt wird festgehalten:

«Die Vermittlung der türkischen Kindergärtnerinnen ermöglichte den türkischen Kindern, Spielregeln, Sachverhalte, aber auch Geschichten genau, also vollständig zu verstehen. Dies hat positive Konsequenzen für die Sprachentwicklung überhaupt, also für beide Sprachen, die vom Kind verlangt werden. Als Beispiel sei hier ein Rollenspiel angeführt. Die schweizerische und die türkische Kindergärtnerin erzählten an zwei aufeinanderfolgenden Tagen das ‹Schneewittchen›, je in ihrer Muttersprache. Am dritten Tag beim Rollenspiel zeigte sich, dass alle Kinder die Geschichte richtig verstanden hatten und gut mitspielen konnten. Ein türkischer Junge, der bis dahin noch kein deutsches Wort gesagt hatte, war einer der sieben Zwerge. Als er bei Schneewittchens Sarg stand, sagte er: ‹Sisch schön, Schneewittli›.»

Wer erzählt Geschichten in fremden Sprachen?

Eltern oder grössere Geschwister können gebeten werden, im Kindergarten allen Kindern der entsprechenden Sprache eine Geschichte zu übersetzen oder zu erzählen. Die Lehrer für Kurse in heimatlicher Sprache und Kultur können dafür angefragt werden. Verfügt die Kindergärtnerin über Texte in den verschiedenen Muttersprachen, kann sie den Eltern eine Kopie geben mit der Bitte, die Geschichte zu Hause zu erzählen. Manchmal finden in Bibliotheken Lesungen für fremdsprachige Kinder statt.

Nasreddin Hoddscha

In einem Frankfurter Quartier mit vielen Ausländern findet im Primarschulhaus jeden Herbst eine interkulturelle Woche statt. Das eine Jahr hiess das Thema «Nasreddin Hoddscha».
Nasreddin Hoddscha gilt als personifizierte Spitze des türkischen Humors. Er soll im 13. Jahrhundert Lehrer, Priester, Kadi und Weiser gewesen sein. Von ihm werden in der Türkei unendlich viele Anekdoten erzählt. Die älteren Schülerinnen und Schüler haben mit Hilfe der ausländischen Lehrer einzelne ausgewählte Anekdoten von Nasreddin Hoddscha aus dem Deutschen in die verschiedenen Muttersprachen übersetzt und den kleineren Schülerinnen und Schülern erzählt. Darauf wurde im ganzen Schulhaus zu Nasreddin Hoddscha gespielt und getanzt; es entstand auch ein Schattenspiel.

Hinweise zu Geschichten, Versen, Liedern und Hörspielkassetten mit verschiedenen Muttersprachen sind in der Literaturliste enthalten.

Teil III
Didaktische Anregungen
Deutsch lernen im Kindergarten

Deutsch lernen im Kontakt mit andern Kindern

Kinder sind die besten Lehrerinnen und Lehrer

Beim Eintritt in den Kindergarten mit vier oder fünf Jahren werden für die meisten Kinder – für einheimische wie für fremdsprachige – die Gleichaltrigen zum grossen Erlebnis. Sie beobachten einander genau, vergleichen wie andere sich verhalten und bewegen, was sie lustig finden, wie sie streiten. Bis zu dieser Zeit haben sie sich vorwiegend an den Eltern und den grössern Geschwistern orientiert. Jetzt wollen sie Teil einer Gruppe von Gleichaltrigen werden. Sie beginnen sich an ihnen zu messen und zu orientieren. Sie wollen möglichst gleich sein wie die andern. Diese Neuorientierung kann für fremdsprachige Kinder Probleme schaffen, da sie nicht nur kein Schweizerdeutsch verstehen, sondern aufgrund ihrer Muttersprache und ihrer kulturellen Erfahrungen anders sind. Interkulturelle Pädagogik lässt Kinder erleben, wie fremde Muttersprachen und Andersartigkeit akzeptiert werden, das fördert ihr Gruppengefühl.

Das Interesse an Spielkameraden ist für viele fremdsprachige Kinder die Hauptmotivation, um akzentfrei Schweizerdeutsch zu lernen. Für den Zweitspracherwerb sind deshalb die Kontakte zu deutschsprachigen Kindern besonders wichtig. Im gemeinsamen Spiel mit ihnen wird die neue Sprache am besten und schnellsten gelernt. Sie wollen sich verständigen, wollen verstehen, wollen sich mitteilen. Sie nehmen unbewusst die neue Sprache auf und üben sie bei jedem Spiel von neuem.

Es ist jedoch nicht für jedes Kind einfach, Zugang zu andern zu finden; einige sind durch die Fremdsprachigkeit und die neue Situation derart verunsichert, dass sie keine Möglichkeit zu Kontakten sehen. In der ersten Zeit brauchen die Kinder Spiele, in denen auf nonverbale Art Kontakte geknüpft werden können. Es eignen sich dazu einfache Kreisspiele, Singspiele, rhythmische Übungen.

Fremdsprachige Kinder nehmen am Anfang vor allem jene schweizerdeutschen Ausdrücke auf, die sie für gemeinsame Spiele brauchen. In Kindergarten und Mundartunterricht soll dieser Wortschatz angeboten, erspielt und aufgebaut werden. Dazu gehören auch die Namen der Kinder. Mit fremdsprachigen Kindern kann es länger dauern, bis jedes die Namen aller Kinder kennt und aussprechen kann. Denn für ein tamilisches Kind klingen unsere Vornamen ebenso fremd wie sein Vorname für uns.

Stimme hörbar machen

Fremdsprachige Kinder, die noch kein Schweizerdeutsch verstehen, reagieren unterschiedlich auf die neue Situation. Die einen sprechen in ihrer Muttersprache drauflos, andere versuchen sich anderswie bemerkbar zu machen, einige wirken wie zum Schweigen verurteilt. Sie werden als «Stumme» wahrgenommen, und sie machen sich auch dort wenig bemerkbar, wo es gar keine Sprache bräuchte: Sie lachen nicht laut, rufen nicht, weinen leise. Je länger Kinder «stumm» bleiben, desto schwieriger wird es für sie, diese Rolle wieder zu verlassen. Es ist wichtig, schon in den ersten Kindergartentagen allen Kindern die Möglichkeit zu geben, sich (etwa beim Spielen) bemerkbar zu machen: mit der eigenen Stimme, mit Geräuschen wie klatschen, stampfen, schnalzen, schlürfen, quietschen, auf Silben singen, mit Instrumenten lärmen, Tierlaute von sich geben. Ist ein Kind gewöhnt, seine eigenen Geräusche und seine Stimme im Kindergarten zu hören, so ist der Schritt zum Sprechen in der neuen Sprache viel schneller getan.

Sprache muss gehört werden

Fremdsprachige Kinder müssen die Laute, Wörter, Sätze und Sprachmelodien der Zweitsprache zuerst hören und aussprechen lernen. Als Vorübungen für den Zweitspracherwerb, braucht es daher Spiele um das Gehör zu üben.
Damit alle Kinder die Sprache richtig hören, darf der Lärmpegel im Kindergarten nicht dauernd hoch sein. In einem lärmigen Kindergarten (womöglich mit einer schlechten Akustik), wo alle sehr laut sprechen müssen, um sich überhaupt zu verstehen, kann keine Wortendung richtig aufgenommen werden. Die Kinder lernen eine Sprache, die nur dem Klang nach Schweizerdeutsch klingt.
Es soll darauf geachtet werden, dass der Kindergartenraum nicht hallt, dass wenig Strassenlärm eindringt, und dass es neben lauten Spielen immer auch leisere gibt.

Spiele für das Gehör

Spiel 1: Geräusche hören
Die Kinder sitzen im Kreis und schliessen die Augen. Ausserhalb des Kreises steht in jeder Ecke ein Kind und macht abwechslungsweise ein Geräusch. Die Kinder im Kreis zeigen die Richtung an, aus der das Geräusch kommt.

Spiel 2: Instrumente raten
Unter einem grossen Tuch sind verschiedene Instrumente versteckt (Triangel, Xylophon, Schlaghölzchen, Cinelle). Ein Kind schlüpft unter das Tuch und spielt auf einem Instrument. Die andern Kinder erraten und benennen das Instrument oder zeigen mit Gesten, was unter dem Tuch gespielt wurde.

Spiel 3: Geräuschmemory
Fotodöschen oder Joghurtgläser werden mit verschiedenen Materialien gefüllt. Durch Schütteln können immer zwei gleiche gesucht werden.

Weitere Spiele:
Flüsterspiele, Telefonieren, Spiele mit Glocken, mit dem Tonbandgerät.

> **Ü oder U**
>
> Ein U und ein Ü sind für uns zwei verschiedene Laute. Wer in der Muttersprache kein Ü kennt, kann den Unterschied zwischen U und Ü kaum hören.
> Ähnlich geht es uns mit Lauten anderer Sprachen, die im Deutsch nicht vorkommen. Kürzlich erklärte mir eine Serbin den Unterschied zwischen «dsch» und «dsch». Ich konnte mich anstrengen, wie ich wollte, ich hörte einfach zweimal den genau gleichen Zischlaut.

Spass an Lautmalereien

Bevor kleine Kinder in ihrer Muttersprache zu sprechen beginnen, machen sie unglaublich viele Sprach-, Gehör- und Tonübungen. Aus lauter Spass probieren sie ihre Stimme, die Zunge, die Lippen und Tonstärken aus. Sie üben für sich allein Laute, Tonlagen und verschiedene Sprachmelodien der zukünftigen Muttersprache. Für Kindergartenkinder ist es dagegen nicht mehr besonders lustig, allein neue Laute auszuprobieren. Sie brauchen den Spass mit den andern, sie regen sich gegenseitig an, lachen, blödeln und trainieren dabei Lippen, Zunge, Tonstärke.
Übungen für die Artikulation sind im Kindergarten für alle Kinder wichtig zur Auflockerung. Es ergeben sich daraus Spiele, bei denen sich auch jene beteiligen können, die noch kein Deutsch verstehen.
Fremdsprachige Kinder lernen dabei jene Laute, die in ihrer Muttersprache nicht vorkommen, etwa das hörbare deutsche «H», das Italiener fast nicht aussprechen können.
Die Mundmuskulatur wird gelockert, was besonders wichtig ist bei Kindern, die sich beim Zweit-

spracherwerb verkrampfen, weil sie sich um eine korrekte Aussprache bemühen.

Spiele mit Lippen, Zunge und Ton

- Zungenturnen mit einer Weinbeere oder einem Haselnüsschen
- Lippenturnen mit einem Salzstengel, der von einer Mundecke zur andern wandern muss
- Kaugummiturnen
- Spiele mit Wattebällchen, Herbstblättern, Federchen oder Blütenstaub, die um die Wette über den Tisch geblasen werden
- Spiele mit Trinkhalmen: Papierkügelchen ansaugen, im Wasserglas blubbern
- Lieder auf eine Silbe singen: lalalala/fafafa/ glugluglu/mamama
- Tierstimmen, Geräusche der Baumaschinen oder andere Töne nachahmen.

«Tu-tu-tu» und «Pum-pum-pum»

Lieder führe ich im Mundartunterricht meistens mit Musikinstrumenten und den entsprechenden Gesten ein, indem wir die Melodie mit vielerlei Lauten und Geräuschen nachsingen. «Tu-tu-tu» tönt es dann oder «Pum-pum-pum». Für Kinder, deren Deutschkenntnisse noch nicht so gut sind, ist das eine Möglichkeit, beim Singen doch mitzumachen.

Mitreden können im freien Spiel

An den Spielorten des Kindergartens, in der Puppenecke, bei den Bauklötzen, am Maltisch oder bei den Legos vertiefen sich die Kinder im gemeinsamen Spiel und lernen dabei fast unbewusst jenen Wortschatz, der für ein Zusammenspiel wichtig ist.

Auch die Mundartgruppe kann sich an einen Spielort zurückziehen; die Kindergärtnerin nimmt sich während des Freispiels Zeit, um mit einer Gruppe mitzuspielen und achtet dabei auf die Sprachförderung.

Beim Spiel mit den grossen Bauklötzen lernen sie Wörter wie Brücke, Säule, Würfel. Sie lernen Fragen wie: «Gibst du mir einen langen Klotz?», Ausrufe wie: «Das ist meine Brücke, die will ich!» und «Noch höher, noch höher wird unser Turm!» Dies ermöglicht den Kindern, sich auch verbal am Spielort zu beteiligen und im Spiel mit den andern Kindern zu reden, die andern zu verstehen, Fragen zu stellen oder neue Ideen einzubringen.

Spielorte kennen und benennen

Am Anfang des Schuljahres lernen die Kinder die Spielorte des Kindergartens kennen. Für deutschsprachige Kinder genügt es meist, mit einigen Worten zu umschreiben, was man wie spielen kann. Den fremdsprachigen Kindern müssen die Spielorte und die Spielmöglichkeiten gezeigt werden. Um die Bezeichnungen zu üben, kann ein Lied von den Spielorten gelernt werden. Zu einer bekannten Melodie singen sie:

Chömed mir wänd boue,
boue, boue, boue.
Chömed, mir wänd boue,
mit de grosse Chlötz!

Chömed mir wänd male,
male, male, male.
Chömed mir wänd male,
mit de Wasserfarbe!

Ein langer Umzug zieht dabei durch den Kindergarten. Das vorderste Kind bestimmt, bei welchem Spielplatz angehalten wird, und alle singen die entsprechende Strophe. Die fremdsprachigen Kinder nehmen die Namen der Spielorte und die dazugehörigen Verben zumindest in den passiven Wortschatz auf.

Gespräche in der Puppenecke

In der Puppenecke finden sich fremdsprachige Kinder oft schnell zurecht. Sie entdecken Gegenstände, die sie von zu Hause auch kennen. Hier widerspiegelt sich Alltagsgeschehen, und der Gesprächsstoff wird geübt. Es wird gekocht, aufgetischt, die Puppen werden erzogen. Es wird viel gesprochen und besprochen. Wer soll kochen, wer deckt den Tisch? Wer geht einkaufen, und wer schaut zu den Puppenkindern, wer lädt die Gäste ein?
Wenn die Kindergärtnerin oder Mundartlehrerin «mitspielt», achtet sie darauf, dass die Kinder Gelegenheit finden, sich sprachlich zu äussern.

Zale bitte!

Die vier fremdsprachigen Kinder erhalten keinen zusätzlichen Mundartunterricht. Ich benutze immer wieder die Gelegenheit, während des Freispiels mitzuspielen und zu schauen, dass sie beim Spielen Deutsch lernen. Dabei kann ich auch Spielanregungen vermitteln, und es gelingt so besser, die fremdsprachigen Kinder ins Spiel mit den Schweizerkindern zu integrieren.
Ein Albanerjunge schaute am Anfang nur zu. Dann drückten wir ihm beim Verkaufsstand auch einen Korb in die Hand, und er kaufte, zwar noch ohne Worte, seine Sachen ein. Als Verkäuferin hielt ich ihm die Dinge hin, er brauchte nur zu nicken, wenn er etwas wollte. Ganz stolz bezahlte er mit dem Spielgeld. Das Spiel bereitete ihm grossen Spass, und er wollte immer wieder einkaufen.
Nach drei Tagen setzte er sich hinter den Verkaufsladen und wurde zum Verkäufer. Als ein Kind mit den eingepackten Salzteigbroten einfach weglief, rief er ihm nach: «Zale bitte!» (bitte bezahlen).

Sachen suchen

Ein Kind versteckt Dinge, welche bereits bekannt sind (ein Auto, ein Flugzeug, einen Turnschuh), an verschiedenen Spielorten. Die andern Kinder suchen nach den Gegenständen und berichten, wo sie diese gefunden haben. Sie nennen die Spielorte oder zeigen in die Richtung, die Kindergärtnerin benennt den Spielort.

Für die Sprachförderung in der Puppenecke überlegt sich die Kindergärtnerin schon bei der Vorbereitung, welche Wörter, Wendungen, Ausdrücke oder Sätze geübt werden. Es sollen nicht zu viele neue Wörter sein, damit die Kinder genau verstehen, wovon jetzt gesprochen wird. Sie sollen Gelegenheit finden immer wieder die gleichen Wörter zu hören und selber auszusprechen.

D Wöschfraue

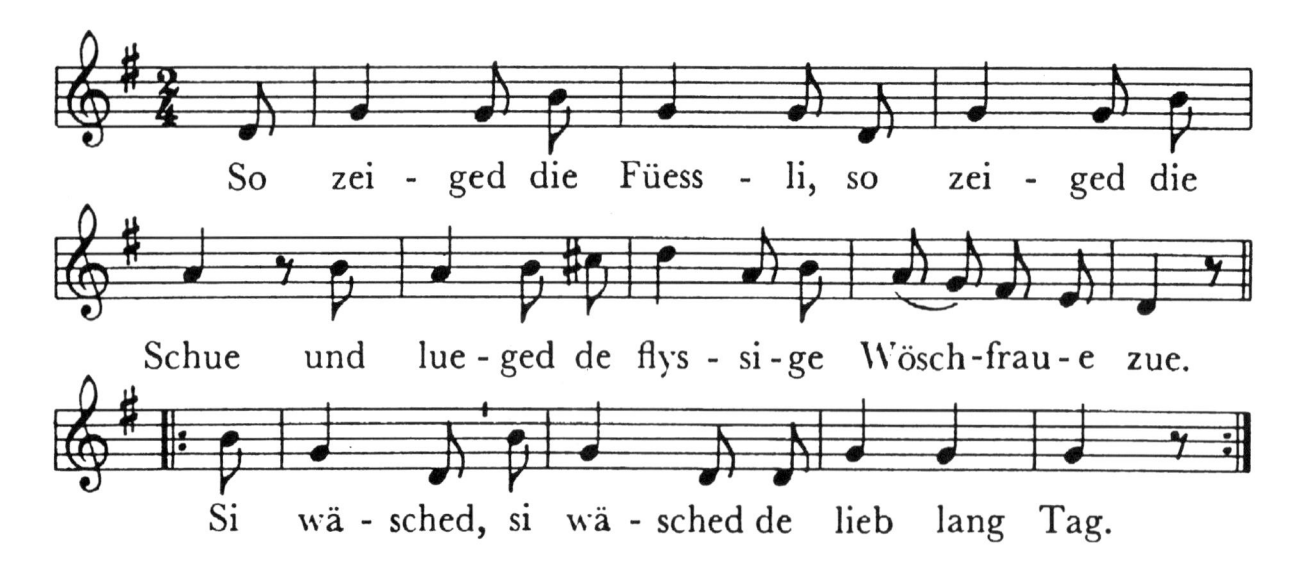

So zei-ged die Füess-li, so zei-ged die Schue und lue-ged de flys-si-ge Wösch-frau-e zue.
Si wä-sched, si wä-sched de lieb lang Tag.

... si wäsched – si winded – si hänked – si gletted –
si ässed – si schwätzed de lieb lang Tag.

Puppenwäsche

Eine Kindergärtnerin will mit den Kindern die Namen der Kleidungsstücke lernen. Sie wäscht mit den Kindern die Puppenkleider. Beim Waschen, Spülen und Aufhängen, zuletzt noch beim Bügeln kommen immer wieder die gleichen Ausdrücke vor:

«Die rote Hose ist schmutzig.»
«Willst du die Hose waschen?»
«Wer hängt die Hose auf?»
«Ist die Hose schon trocken?»
«Jetzt müssen wir die Hose noch bügeln.»

Allerdings sollten die Wörter nicht ständig wiederholt werden, sondern im normalen Wäschespiel integriert sein.
Waschleute plaudern sicher gern. So lernen die Kinder waschend die Begriffe und die entsprechende Tätigkeit. Mit dem Lied von den Waschfrauen wird der Wortschatz repetiert.

Arztgeflüster

Alle Kinder waren schon einmal bei der Ärztin oder beim Arzt und kennen Stethoskop, Pflaster, Salben und Spritzen.
Die Handlungen können ohne verbale Erklärungen durchgeführt werden. Es kann eine einfache Praxis eingerichtet werden: Aus Stühlen wird ein Arzttisch gebaut. Eine Waage gehört dazu und an der Wand wird der Messstab angebracht. Der Schreibtisch steht für die Anmeldung bereit, im Wartezimmer liegen Zeitschriften. Manchmal kommt die Ärztin auch auf Hausbesuch, dafür genügt ein Arztköfferchen.
Beim Doktorspiel üben die Kinder die Bezeichnungen der Körperteile. Sie lernen auszudrücken, wo es ihnen weh tut. Sie verschreiben Pillen und messen das Fieber. Und manchmal kommt ein Kind zur Welt.

Tierstimmen auf dem Bauernhof

Mundartunterricht beim Spielzeug-Bauernhof kann aktuell werden, wenn Kinder selber einen Bauernhof erlebt haben. Vielleicht hat die Kindergartenreise zu einem Bauernhof geführt, die Kinder haben die Tiere und Maschinen kennengelernt; vielleicht hat ein Kind die Ferien auf dem Bauernhof verbracht.
Zum Stichwort Bauernhof lassen sich viele Tiergeschichten spielen. Die Kindergärtnerin kann eine einfache Geschichte vorspielen, etwa diejenige vom Esel, der den Heimweg nicht mehr findet und dem alle andern Tiere helfen müssen in seinen Stall zurückzufinden.
Das Erzählen wird durch Handlung ergänzt; durch die Tierstimmen hört das Kind nicht nur «Fremdsprache wie ein Wasserfall», sondern es weiss, von welchem Tier die Rede ist. Auch ohne Schweizerdeutsch kann es mit dem Esel und dessen IAH IAH oder Ai Ai agieren; es gewöhnt sich daran, aktiv dabei zu sein.

Ein Tag im Leben von...

Einige Wochen lang wollte die Mundartgruppe jedes mal «Ein Tag im Leben von...» spielen. Wir setzten uns in die Puppenecke, ein Kind befahl, wie wir «seinen Tag» zu spielen hätten. Wir wurden als Familienmitglieder des Kindes eingeteilt: Eines spielte die Mutter, eines den Vater, ich durfte manchmal die Grossmutter sein, wenn diese auch zum Tagesablauf gehörte. Bei Fernanda musste jemand die Rolle des Fernsehapparates übernehmen, da dieser schon beim Frühstück dazugehörte.
Die Tagesabläufe glichen sich oft, so dass die Kinder durch die Wiederholung Sicherheit erlangten und sich getrauten, neue und eigene Ideen einzubringen. Für mich wurden daraus sehr spannende Mundartlektionen, weil ich spielend einen Einblick in den Familienalltag erhalten konnte. Ali achtete beispielsweise darauf, dass wir die Hausschuhe auszogen, bevor wir in seine Stube traten. Und Javier bestand darauf, dass die Ulrike als Mutter am Abend nicht dabei sei, weil sie jetzt Büro putzen musste. Er kochte dafür ein gutes Nachtessen. Als die Kinder im Bett schliefen, schaute er noch einen Fussballmatch an.

Zügeln ins Puppenhaus

Puppenhäuser und Puppenstuben eignen sich, um den Wortschatz rund um Möbel und Einrichtung zu erspielen. Die Namen der Möbelstücke kennen die Kinder meist auch in der Muttersprache.

Oft wird umgezogen: Alle Möbel werden in den Lastwagen ein- und am neuen Domizil mit lautem Rufen ausgeladen:

«Ho ruck! Jetzt den Schrank! Wo soll das Kinderbett hin?»

Die neue Wohnung wird bezogen und eingerichtet. Die Möbel müssen in die verschiedenen Zimmer gestellt werden.

Wer in seinem Kindergarten nicht verschiedene Puppenhäuser oder Puppenstuben hat, (was es ja für einen einen echten Umzug braucht), kann aus Kartonschachteln sehr schnell ein neues Haus herstellen: Der Umzug kann beginnen.

Traumhaus auf Papier

Nachdem über längere Zeit begeistert und intensiv mit dem Puppenhaus gespielt wurde, zeichnete ich auf ein grosses Packpapier ein Haus mit Estrich, Keller, Geschossen und Treppenhaus. Die Kinder malten Möbelstücke, Personen, eine Katze, den Blumentopf, schnitten diese aus und klebten sie auf das Haus.

Unser Haus bekam auf diese Weise drei Badezimmer und vier Fernsehapparate.

Die Schachtel wie einen Leporello aufschneiden, Fenster und Türen mit dem Japanmesser einschneiden. Damit das Haus gut steht, darf der Boden nicht entfernt werden.

Zwei oder drei Kartonschachteln werden übereinandergeklebt. Geeignet sind Bananenschachteln, weil diese sehr stabil sind. Fenster einschneiden, mit Teppichresten, Tapeten aus farbigem Papier und Vorhängen verschönern.

Interkulturelles Spielmaterial

Auch für fremdsprachige Kinder soll im Kindergarten nicht alles fremd sein. Bei der Einrichtung der Spielorte soll darauf geachtet werden, dass die Kinder Spielmaterialien vorfinden, die ihnen vertraut sind.

Interkulturelle Ergänzungen
zum Spielmaterial
- Bilderbücher, Comics und Heftchen aus den Herkunftsländern.
- Puppen aus verschiedenen Ländern (eine schwarze Puppe kann für Kinder mit dunkler Haut sehr wichtig sein).
- Als Puppengeschirr türkische Tellerchen, welche unter die Teegläser gestellt werden (erhältlich in türkischen Geschäften). Es gibt sogar «goldene» Tellerchen mit feinem Muster, die sich für das Taufessen von Dornröschen mit den Feen eignen.
- Auf dem Kochherd steht ein türkischer Teekocher oder ein russischer Samowar.
- Ein Teppich in der Puppenecke, ein Schuhgestell, da in der Türkei niemand mit den Schuhen auf den Teppich tritt.
- Zum Verkleiden indische und afrikanische Tücher und Kopftücher mit Perlenrand.
- Ein Perlentisch, wo besonders feine Glasperlen zu Ketten aufgezogen werden; es kann ein türkischer, ein südamerikanischer, iranischer oder afrikanischer Perlentisch sein. Die Perlen stehen in den entsprechenden Gefässen bereit.
- Bei den grossen Bauklötzen gibt es auch fremdländisches «Baumaterial» wie die Spitze für ein Minarett, eine Kuppel für die Moschee. Diese kann eine hölzerne Salatschüssel sein mit einem goldenen Halbmond (erhältlich in türkischen Geschäften). Es gibt aber auch eine Glocke, die im Kirchturm eingebaut werden kann.
- Beim Bauernhof sind all jene Tiere im Stall, die auch die Grosseltern eines sardischen Kindes haben: Schafe, Ziegen, Maultier, Esel, Kaninchen und Hühner. Es gibt vielleicht einen Traktor und ein Auto für die Bauernfamilie.
- Bei der Eisenbahnanlage werden die Bahnhöfe mit den Namen der Herkunftsorte der Kinder angeschrieben.
- Am Verkaufsstand werden Produkte aus den Herkunftsländern der Kinder angeboten und gekauft wie kolumbianische Bohnen, spanische Nüsse.

Deutsch lernen am Erlebnis

Sprache will erlebt sein

Das gemeinsame Erleben schafft eine wichtige Grundlage, um im Kindergarten die Zweitsprache aufzubauen. Fremdsprachige Kinder hören zu den Erlebnissen die Wörter und Ausdrücke und verbinden Erlebnis mit Sprache. Es genügt nicht, den Kindern Erlebnisse auf Bildern zu zeigen (wie im Fremdsprachenunterricht für Erwachsene), sondern es braucht das konkrete Erlebnis. Bilder sind geeignet, um sich an Erlebnisse zu erinnern, zum Repetieren und Nacherzählen. Wichtig ist, dass Erlebnisse nicht passiv konsumiert werden, sondern die Kinder täglich selber als Handelnde einbezogen sind.

Beim Begriff «Erlebnis» geht es nicht um Abenteuer und weltbewegende Geschehnisse, sondern auch um kleine Begebenheiten.

Es kann für die Kinder ein Erlebnis sein, wenn in der Puppenecke die Wäsche richtig mit Wasser gewaschen und zum Trocknen aufgehängt wird, wenn von einem Tisch zum andern eine lange Brücke gebaut wird und die Holzeisenbahn darüber fährt. Es ist ein Erlebnis, wenn eine Katze zu Besuch kommt und gestreichelt werden kann, wenn die Spatzen vom Fenster aus gefüttert werden. Es wird zum Erlebnis, wenn die Vorbereitungen zu einem Fest im Gange sind, wenn ein Fruchtsalat gerüstet wird. Ein Gewitter kann zu einem Erlebnis werden, wenn alle Kinder am Fenster stehen, den Blitzen zuschauen und auf die grossen Regentropfen warten, oder wenn alle Kinder eng beisammen sitzen und einer Geschichte lauschen.

Der erste Schnee wird jedes Jahr zum kleinen Ereignis: die Kinder erleben, wie der Schnee in grossen Flocken vom Himmel fällt, die Strassen weiss werden. Sie treten im neuen Schnee eigene Spuren, sie merken, wie die Hände kalt werden beim Formen der Schneebälle. Es ist ein Erlebnis, wenn die Kinder Schneesterne auf der dunklen Windjacke mit dem Vergrösserungsglas genau beobachten, bevor diese verschwinden oder wenn der Schnee im Puppenpfännchen zu Wasser schmilzt.

Auch im Mundartunterricht kann auf solchen Erlebnissen aufgebaut werden: Beim Nachspielen, Nacherzählen, Zeichnen und Bauen kommen immer wieder die Wörter und Sätze aus dem Erlebnisbereich vor. Die Kinder erwerben einen passiven, später einen aktiven Wortschatz.

Den fremdsprachigen Kindern kann das Erlebnis nicht über eine Geschichte vermittelt werden. Die Kindergärtnerinnen sind also dazu gezwungen, Erlebnisse zu arrangieren oder solche, die sich ergeben, auszunützen. Dies ist natürlich auch eine Chance für die deutschsprachigen Kinder.

Die Frau im Rollstuhl wird zum Thema

Bei einem Spaziergang durch den Park kamen einige Kinder ins Gespräch mit einer Frau, die im Rollstuhl sass. Eben wollte ich mich einmischen, weil ich befürchtete, die Kinder würden die Frau stören, da hatten Ivo und Michela bereits ausgehandelt, dass sie die Frau um den Weiher stossen dürfen. Ganz vorsichtig schoben sie den Rollstuhl. Die andern Kinder gingen nebenher, und die Frau erzählte den Kindern, wie gerne sie Rollstuhl fahre und wie sie nur mit Mühe innerhalb der Wohnung herumgehen könne. Diese zufällige Begegnung wurde zum grossen Erlebnis. Die Kinder wollten im Kindergarten Rollstühle bauen, zuerst für die Puppen und Bären, später bekamen auch einige Kinderstühle Räder. Wir organisierten ein Rollstuhlrennen, zeichneten und sprachen über Rollstühle.

Sprache und Rituale

Jede Gruppe von Menschen schafft sich Rituale, durch deren Wiederholung dem Einzelnen Sicherheit gegeben wird. Auch im Kindergarten gibt es viele Rituale: Begrüssungsrituale, Rituale zum Tagesablauf, beim Znüniessen, Abschieds- oder Geburtstagsrituale, Rituale beim Geschichtenerzählen. Die Rituale werden zu Erlebnissen, welche die Kinder kennen und erwarten. Sie freuen sich im voraus und sind befriedigt, wenn sie eintreffen.

Rituale wiederholen sich zum Teil täglich, andere immer am Montag, wieder andere bei jedem Geburtstag oder immer am sechsten Januar. Sie schaffen eine Struktur im Jahresablauf, im Tagesablauf, sie geben Regeln für einzelne Tätigkeiten oder auch für Feste. Sie entsprechen durch die Wiederholung dem kindlichen Bedürfnis nach Sicherheit.

Viele dieser Rituale werden in den Kindergärten nie richtig eingeführt, da die jüngeren Kinder diese von den älteren übernehmen. In Klassen mit fremdsprachigen Kindern ist es notwendig, am Anfang des Jahres anhand von sich wiederholenden Ritualen den Tagesablauf zu gliedern. Rituale vermitteln ein Zeitgefühl: Ein Kind weiss, dass es sich zuerst ein Spiel suchen kann, dass man später gemeinsam in den Stuhlkreis sitzt, dort das Pausenbrot isst und nach dem Elfuhrlied nach Hause darf. Werden diese Rituale durchbrochen, kann sich ein Kind, dem die Abweichung vom gewohnten Ablauf nicht erklärt worden ist, verloren vorkommen.

Angst durch unerfülltes Ritual

In der dritten Schulwoche ging ich mit den Kindern zum erstenmal in die Turnhalle. Branko, ein serbischer Junge, hatte sich bereits recht gut eingelebt, obwohl er noch fast kein Deutsch verstand. Auf dem Weg in die Turnhalle begann Branko zu weinen. Er konnte nicht verstehen, wo wir hingingen, und ich konnte ihm auch nicht erklären, dass wir um elf Uhr wieder im Kindergarten sein werden.

Durch die Wiederholung prägt sich das Kind den Wortschatz, der zum Ritual gehört, schnell ein. Wenn bei jedem Geburtstagsfest das gleiche Lied gesungen wird, können es die Kinder im Nu auswendig. Sie lernen den Satz: «Viel Glück zum Geburtstag.»

Über die Rituale prägen sich die Kinder nicht nur Sätze und Lieder ein, sondern auch schweizerische oder kindergartentypische Verhaltensnormen. In Kindergärten mit fremdsprachigen Kindern werden auch Rituale aufgenommen, welche die Kinder mitgebracht haben. So steckt zum Beispiel in einem Kindergarten am 6. Januar die Befana aus Italien nachts allen Kindern eine Überraschung in die Pantoffeln; anderswo wird das türkische Kinderfest gefeiert.

Wem gehört dieses Znünitäschchen?

Fast in jedem Kindergarten gibt es das Ritual mit der Pausenverpflegung. Ein Kind hält ein Täschchen nach dem andern in die Höhe und ruft dazu: «Wem gehört dieses Täschchen?» Die andern rufen den entsprechenden Namen. Bald werden auch die meisten fremdsprachigen Kinder im gleichen Tonfall mitrufen.

Auch wenn solche Sätze oder die Znünilieder sehr schweizerdeutsch klingen, werden sie inhaltlich lange nicht von allen Kindern richtig verstanden. Sie hören eine Sprachmelodie mit einzelnen Wörtern, die zum Ritual gehören. In einer Mundartlektion kann beispielsweise die Frage des Täschchenrituals aufgenommen werden. Im Spiel wird nicht nur gefragt: «Wem gehört dieses Täschchen?», sondern «Wem gehört dieses Halstuch?» «Wem gehört diese Mütze?» «Wem gehört dieses Pfand?»

Plötzlich hat vielleicht das eine oder andere Kind ein Aha-Erlebnis. Es hat verstanden, was es schon so lange, Tag für Tag mitgerufen hat. Jetzt kann es die Wörter in seinen Wortschatz aufnehmen. Diese Aha-Erlebnisse kennen natürlich auch die Schweizerdeutsch sprechenden Kinder: Beim Eintritt in den Kindergarten übernehmen sie vieles von den grossen Kindern, sie singen oder rufen mit, ohne den Inhalt genau zu verstehen; irgendwann entdecken sie, was sie im Chor gesungen hatten.

Zu viele Rituale engen ein

Mit Ritualen wird dem Bedürfnis der Vorschulkinder nach Wiederholung entgegengekommen. Trotzdem sollen Rituale nicht als Entschuldigung für einen langweiligen, sich stets wiederholenden Kindergartenablauf herhalten. Rituale müssen immer wieder neu überdacht werden.
Haben sich die fremdsprachigen Kinder im Kindergarten zurecht gefunden, muss überlegt werden, an welchen Ritualen festgehalten werden soll und welche über Bord geworfen werden können, damit die Kinder auch zur Flexibilität erzogen werden.

Aufregung im Kindergarten

Es gibt Tage, an denen die Kinder in grosser Aufregung in den Kindergarten kommen; sie haben zu Hause oder auf dem Weg etwas Aufregendes erlebt: ein Geschwisterchen ist in der vergangenen Nacht auf die Welt gekommen, der Vater hat das Bein gebrochen, die Urgrossmutter ist gestorben, ein Motorradfahrer ist gestürzt, grosse Schüler haben sich vor dem Schulhaus geprügelt, ein toter Vogel lag auf der Strasse. Die deutschsprachigen Kinder erzählen aufgeregt und schnell, fallen sich ins Wort, verhaspeln sich. Die Aufregung steckt die andern Kinder an. Die Kindergärtnerin muss sich Zeit nehmen, um die Vorfälle mit den Kindern in aller Ruhe zu besprechen und zu klären.
Fremdsprachige Kinder, die bei der Aufregung nicht beteiligt waren und die noch nicht gut

---

Und jedes bringt seine Zahnbürste mit

Jedes Jahr kommt es zu einer grossen Aufregung, wenn wir zum Schulzahnarzt gehen. Für viele fremdsprachige Kinder ist es der erste Besuch beim Zahnarzt. Dort muss jedes Kind zuerst die Zähne putzen. Durch die Glastüre zum Behandlungsraum sehen wir die Zahnärztinnen und Zahnärzte bei der Arbeit. Die Kinder schauen gebannt und ängstlich, was vorgeht.
Wir schauen uns gegenseitig in den Mund, zählen die Zähne.
Nach einer Weile kommt die Zahnärztin und zeigt den Kindern, wie sie die Zähne putzen sollen. Sie sagt, welche Esswaren für die Zähne gut sind, welche Löcher verursachen. Immer zwei Kinder gehen nun gemeinsam mit der Zahnärztin zum Zahnarztstuhl. Das eine Kind schaut zu, was die Ärztin macht. Im Kindergarten sprechen wir nochmals über den Zahnarztbesuch, wir zeichnen Zahnarztstuhl und Geräte. Weil der Besuch so aufregend ist, lernen die meisten fremdsprachigen Kinder eine Menge neuer Begriffe an einem einzigen Morgen.

Deutsch verstehen, fühlen sich in solchen Momenten ausgeschlossen. Sie merken, dass etwas Wichtiges vorgefallen ist, können aber die schnellen und emotionsgeladenen Äusserungen der anderen nicht verstehen; sie wissen nicht, was passiert ist, ob sie selber davon betroffen sind.

Wenn sich die erste Spannung gelegt hat, muss die Kindergärtnerin allen den Grund zur Aufregung erklären. In diesen Momenten sind die Kinder sehr aufmerksam. Sie wollen verstehen. Aufregung und Spannung machen sie aufnahmefähig. Sobald die Kinder wissen, worum sich das aufgeregte Gespräch dreht, können sie die Aussagen der andern Kinder interpretieren. Da in solchen Situationen die wichtigen Ausdrücke häufig in ähnlicher Betonung verwendet werden, können sich die Kinder Betonung und Ausdrücke merken.

Haben die fremdsprachigen Kinder die Aufregung selber miterlebt, strengen sie sich oft unglaublich an und ringen um Wörter, um den Sachverhalt zu erklären. Die Kindergärtnerin muss versuchen, sie zu verstehen und den andern den Grund zur Aufregung verständlich machen.

Oft entstehen die Aufregungen auch im Kindergarten selbst. Ein heftiger Streit ist zwischen zwei Kindern ausgebrochen, ein Kind stürzt und blutet am Knie, der Verkehrspolizist kommt, ein Gewitter lässt die Spannung steigen. Da Aufregung und Spannung die Aufmerksamkeit und den Mut zum Sprechen erhöhen, kann diese Situation für die Sprachförderung genutzt werden.

In der kleinen Gruppe oder im Mundartunterricht wird die aufregende Situation nochmals mit den Kindern besprochen und durchgespielt. Fremdsprachige Kinder, die sich in Gesprächen noch sehr schlecht äussern können strengen sich oft sehr an, wenn sie andere Kinder wegen einer Ungerechtigkeit im Spiel verklagen wollen. Mit Gestik und Worten, Mimik und Handlungen versuchen sie, den Sachverhalt genau zu schildern.

Liebe als Motivation zum Sprechenlernen

Dass Aufregungen und Emotionen eine sprachfördernde Wirkung haben, zeigt sich auch, wenn sich jemand in einen Menschen verliebt, der eine andere Sprache spricht. Kaum je wird jemand so viel und so schnell von einer neuen Sprache aufnehmen und lernen.

Auch im Kindergarten kann beobachtet werden, wie ein fremdsprachiges Kind durch eine neue Freundschaft unglaubliche Fortschritte in der Zweitsprache machen kann.

Böse Blicke statt miteinander reden

Zwei Mädchen, die als gute Freundinnen im Mundartunterricht immer nebeneinander sitzen wollten, sassen sich finster gegenüber und waren völig unbeteiligt am Unterricht. Jede Anregung zum Spiel prallte an ihnen ab. Nach einigen Fragen stellte sich heraus, dass sich die beiden auf dem Korridor heftig gestritten hatten wegen eines Vorfalls im Kindergarten. Wir nahmen den Vorfall zum Anlass, um über Streit zu sprechen. Jedes Mädchen machte seinen Standpunkt klar; schliesslich konnte der Streit soweit beigelegt werden, dass sie wieder zuhören konnten. Zum Thema Streit kann jedes Kind eigene Erfahrungen beitragen. Als wir den Streit auch noch mimisch darstellten, wurde es sogar lustig.

Wörter finden im Quartier

Für den Zweitspracherwerb muss immer wieder von der täglichen Realität der Kinder ausgegangen werden, damit sie auch fähig werden, ausserhalb des Kindergartens möglichst schnell viel zu verstehen und zu sprechen. Die Zeiten des Mundartunterrichts und des Kindergartens sind zu kurz, um die Zweitsprache genügend üben zu können. Je besser die Kinder lernen, sich auch ausserhalb des Kindergartens auf Deutsch zu verständigen, umso mehr Übungsgelegenheiten ergeben sich. Gleichzeitig sollen die Kinder dabei ihre Umgebung kennenlernen, um Sicherheit zu erlangen und selbständig zu werden.

Der Kindergarten kann dazu beitragen, dass sich die Kinder in ihrem Wohnquartier zu Hause fühlen. Sie sollen ihre Umgebung gern bekommen. Auch städtische Gebiete, die vielleicht nicht sehr kinderfreundlich sind, haben ihren Reiz und bieten Geborgenheit.

Mit der Gruppe des Mundartunterrichts oder mit der Halbklasse des Kindergartens können Besuche im Quartierladen, bei der Baustelle, die gerade den Zugang zum Kindergarten erschwert oder im Quartiermuseum gemacht werden. Man kann dem Verkehrspolizisten bei der Arbeit zuschauen und in der benachbarten Schreinerei Holzabfälle für eine Bastelarbeit holen.

Der Spielplatz des Quartiers, wo sich viele Kinder in der Freizeit aufhalten, kann mit der Mundartgruppe besucht werden. Dabei lernen sie die Wörter, die auf dem Spielplatz wichtig sind: Rutschbahn, Schaukel, Kletterstange, Teich, Schilf, Bank und andere. Sie lernen Wörter wie rutschen, klettern, rennen, kriechen sowie Redewendungen, die zum Spielplatz gehören.

Hier wohne ich

Am Anfang des Kindergartenjahres schauen wir den Weg der Kinder an. Jedes zeigt uns, was auf seinem Weg besonders lustig oder interessant, schön oder gefährlich ist. Wir schauen, welche Fenster zur Wohnung gehören und lesen am Türschild den Namen. Wenn eine Mutter oder ein Vater zu Hause ist, werden wir manchmal zu einem kurzen Besuch eingeladen.

Einmal wollten wir Carlos Katze besuchen. Diese hatte aber so grosse Angst vor den vielen Kindern, dass sie die ganze Zeit unter dem Sofa kauerte und sich weder durch den gelernten Katzenvers noch durch Schmeicheleien hervorlocken liess.

Grüezi, was hetted si gärn?

Ich erteile den Mundartunterricht am Morgen früh vor der Kindergartenzeit, da meine fremdsprachigen Kinder fast alle im Hort sind und daher früh aufstehen müssen. Sie können auf den Kindergartenhalbtag sprachlich vorbereitet werden.

Eines Morgens kauften wir im Quartierladen Brot, Butter, Honig und Nüsse ein, die wir für ein Festessen zu Ehren unserer Bären vorgesehen hatten. Ich hatte die Gruppe am Vortag im Laden angemeldet. Weil keine andern Kundinnen da waren, konnte sich der Verkäufer viel Zeit nehmen. Er fragte die Kinder nach ihren Wünschen und wollte die Antworten von jedem Kind hören. Er spielte wirklich «Verkäuferlis» mit ihnen. Das Geld war auf alle verteilt, jedes konnte selber bezahlen. Dieser Besuch hat die Kinder sehr angeregt, und das Verkäuferlispiel blieb lange aktuell im Mundartunterricht. Bald verkauften wir Schuhe, bald Kleider, einmal wurde ein Spielwarengeschäft eingerichtet.

Deutsch lernen durch Selbermachen

Von Hand gemacht – und viel gesprochen: ganzheitlich lernen

Ein fremdsprachiges Kind malt mit Wasserfarben. Es hört die deutschen Wörter, mit denen vom Malen gesprochen wird: vom Pinsel, den es in der Hand hält, von der roten und der blauen Farbe, in die es seinen Pinsel eintaucht. Es ist auf seine Arbeit konzentriert und hört dabei die deutschen Ausdrücke. Oft getraut sich ein Kind eher Deutsch zu sprechen, wenn es in seine Arbeit vertieft ist, als wenn die ganze Aufmerksamkeit seiner Ausdrucksweise gilt. Die Sprache begleitet die Tätigkeit, das Kind verbindet diese mit den entsprechenden Wörtern. Es braucht einen Pinsel oder gelbe Farbe, und es kann auf einmal danach fragen.

Beim Werken, Malen, Schneiden, Kneten und Nähen lernen die Kinder Handfertigkeiten. Sie entwickeln ihre Feinmotorik und ihr Vorstellungsvermögen. Und fast nebenbei kann Schweizerdeutsch gelernt werden. Die Kindergärtnerin setzt sich zu den werkenden Kindern, regt zu Gesprächen an, benennt die Materialien und die Tätigkeiten.

Werkarbeiten eignen sich ausgezeichnet für den Zweitspracherwerb. Allerdings sollen auch fremdsprachige Kinder nicht mehr als nötig zum Werken verknurrt werden, wenn sie nicht Spass daran haben.

In diesem Kapitel folgen einige Anregungen, die zeigen, wie Kinder werkend die Sprache lernen. Wenn der Kindergärtnerin auffällt, dass ein Kind besonders gerne mit einem Material arbeitet, kann sie die Eltern dazu ermuntern, ihrem Kind das entsprechende Werkzeug und Bastelmaterial zu kaufen (günstige Einkaufsmöglichkeiten nennen). Gerade fremdsprachige Eltern sind manchmal mit unserer Art von Werken wenig vertraut. Den Eltern wird gezeigt, warum es für das Kind gut ist, mit Schere, Leimstift, Filzstiften und Plastillin zu hantieren. Konkrete Anregungen zu Beschäftigungen sind allemal geeigneter als das Jammern der Pädagogen über den hohen Fernsehkonsum der Kinder.

Kneten, formen, formulieren

Beim Spielen, Kneten und Formen mit Lehm oder Plastilin geht es nicht nur um ein Endprodukt, sondern auch um das Erleben und Ausprobieren der Möglichkeiten des Materials.

Die Kinder rollen eine Lehmkugel zu einer Schlange. Beim Drücken und Rollen spüren sie, wie die Schlange unter ihrer flachen Hand immer dünner und dünner wird: Sie erleben das Wort «dünn».

Mit weiteren Materialien wird an einem andern Tag gezeigt, was ebenfalls dünn sein kann, damit die Kinder lernen, dass «dünn» nicht nur bei Lehmschlangen gebraucht wird.

Mit den Schlangen können die Kinder spielen: diese besuchen sich, begrüssen einander, winden sich ums Armgelenk. Es können viele Schlangen gerollt werden, dickere und dünnere, längere und kürzere.

Sprachlernmöglichkeiten beim Werken mit Lehm
- Wortschatz mit Bezug zum Material: der Lehm, in Silberpapier eingewickelt, der feuchte Lappen, das Wasser.
- Wortschatz mit Bezug auf die Tätigkeiten: kneten, rollen, Abdrücke machen.
- Wortschatz mit Bezug auf die Gegenstände aus Lehm: Brot backen, Brot schneiden, Tiere mit vier Beinen, Kopf und Schwanz, Pistolen und Kanonen, Äpfel, Trauben und Birnen.
- Wortschatz mit Bezug zu den Spielen, die mit den Gegenständen gemacht werden: die Schlangen aus Lehm liegen nebeneinander, übereinander, beissen sich, schleichen hintereinander her, verstecken sich; die runden Kugeln aus Lehm rollen über den Tisch.

Chugeli statt Chatze

Die Halbklasse hätte eigentlich Katzen aus Lehm formen sollen. Ich hatte für jedes Kind ein Stück Lehm richten wollen, wurde aber bei der Vorbereitung durch eine Mutter aufgehalten. So trennte ich im Dabeisein der Kinder – und mit ihrer Hilfe – mit dem Draht die Scheiben vom Lehmblock. Die Kinder waren so fasziniert vom Schneiden mit Draht, dass sie ihre Lehmscheiben zuerst viele Male in immer kleinere Teilchen zerschnitten. Da nur vier Drähte vorhanden waren, mussten die Kinder abwechseln. Um weiter Lehm zu trennen, kneteten die Kinder die Lehmstücke laufend wieder zusammen, was ebenfalls Spass machte.

Sie Kinder formten Kugeln, drehten sie mit der flachen Hand auf dem Tisch schön rund. Dazu entstanden Verse und Spiele:

«Role, role, role,
git en schööne Chnole».

«Rugeli, Bugeli,
i welere Hand isch mis Chugeli?»

Vier der neun Kinder waren fremdsprachig und konnten noch wenig Deutsch. Die Gespräche drehten sich um die momentane Arbeit: «Gib mir den Draht!» «Ich habe eine Kugel.» – «Meine Kugel will nicht zusammenhalten.» – «Ich kann mein Stück nochmals halbieren».

Mit der Zeit beteiligten sich auch fremdsprachige Kinder am Gespräch. Sie verlangten den Draht, zeigten den «Chnole».

Zu einer Katze aus Lehm kamen wir dieses Mal nicht.

Schneiden, schnipseln, Schnabel wetzen

Viele Kinder dürfen zu Hause noch nicht mit der Schere schneiden oder haben eine Kinderschere aus Plastik, die nicht schneidet. Mit der Schere schneiden braucht eine gewisse Geschicklichkeit. Handmotorik und Kreativität werden gefördert.
Schneiden und schnipseln kann auch eine gute Beschäftigung zu Hause sein, da die Kinder überall Heftchen und Zeitungen finden. Buntes Papier kann auch einmal vom Kindergarten mit nach Hause gegeben werden.

Ziehbuch

Haben die Kinder entdeckt, wie sie für ein Ziehbuch Bildchen ausschneiden können, kann im Kindergarten eine «Ziehbuchwelle» entstehen; einzelne Kinder schneiden dann Bildchen um Bildchen aus Heften und Katalogen. Sie können selbständig ein Spiel herstellen, sind bei dieser Arbeit begeistert und eifrig dabei.

Ohne sich dessen bewusst zu sein, sind die Kinder eifrig beim Zweitsprachlernen: Sie erzählen, was sie in den Illustrierten entdecken, lachen über lustige Bilder, fragen die Kindergärtnerin, wie das ausgeschnittene Tier auf Deutsch heisst, um es den andern Kindern zu zeigen.
Ziehbücher kann man auch zu bestimmten Themen basteln. Nach einem Zoobesuch werden Hefte mit Tierbildern zerschnitten; vor Weihnachten wiederum weihnächtliche Motive aus Geschenkpapier ausgeschnitten und in das Ziehbuch gesteckt.

Scherenschnittfieber

Die fremdsprachigen Kinder kamen vom Mundartunterricht zurück und zeigten ihre Scherenschnitte, die sie hergestellt hatten. Da sich einige der andern Kinder für die Scherenschnitte interessierten, zeigten sie ihnen stolz, wie das Papier gefaltet und wo geschnitten werden musste. Am Basteltisch sass bald eine grosse Gruppe Kinder, die beigenweise Scherenschnitte schnipselte.

Bei einem Heft (einer nicht zu dicken Illustrierten) wird jede Seite zur Mitte gefaltet. Aus andern Illustrierten werden Bildchen ausgeschnitten und unter die gefalteten Seiten geschoben. Das Heft wird einem andern Kind hingehalten, es öffnet das Heft und bekommt das Bildchen der entsprechenden Seite.

Katze mit langem Ringelschwanz

Katze mit langem Ringelschwanz

Die Kinder zeichnen eine Katze auf Halbkarton, schneiden sie aus und malen sie an. Aus einem runden Halbkarton wird der Schwanz geschnitten. Die Spirale muss wohl von der Kindergärtnerin vorgezeichnet werden. Die Kinder lernen dabei, einer vorgezeichneten Linie nachzuschneiden.

Meistens sind sie stolz auf ihre fertige Arbeit und spielen gerne damit. Diese kann genutzt werden, um Standortbezeichnungen zu üben oder zu repetieren: Die Katzen sind scheu und verkriechen sich unter dem Stuhl, hinter der Türe, neben dem Kasten oder im Puppenbett.

Ringelschwanz schneiden

Nähen, weben, sticheln

Im Mundartunterricht oder im Kindergarten wird genäht. Allerdings ist es besser, nur mit einer kleinen Gruppe zu nähen, da die Kindergärtnerin beim Einfädeln und Fadenvernähen oft helfen muss. Unter den türkischen und süditalienischen Kindern gibt es ab und zu Mädchen, die schon etwas nähen oder sticken können.

Es kann mit einem Nähblättchen begonnen werden. Auf Halbkarton wird ein Bild gezeichnet, mit der Ahle vorgelocht, dann mit einer stumpfen Nähnadel genäht.

Am Nähtisch wird wie früher bei der Schneiderin viel geplaudert. Und manchmal verlieren sich die Schneiderinnen und Schneider im Geplapper:

«Säg emal Tisch.» – «Bisch en Fisch.»

Wenn einem solche Gespräche bei der Xten Wiederholung auf die Nerven gehen, kann man sich trösten mit dem Wissen darum, dass die Kinder ganz selbständig ihren Schnabel wetzen und Sprachübungen machen.

Wer genäht hat, weiss, was ein Faden, was eine Nadel, ein Stoff und ein Stich ist. Und wer sich mit der Nadel gestochen hat, vergisst das Verb «stechen» nicht mehr.

Wie mein Onkel in der Türkei

Wir haben im Kindergarten für Weihnachten Nadelkissen gewoben. Jussuf, ein türkischer Bub, hat sich von Anfang an mit grossem Eifer ins Zeug gelegt und auch die andern Buben damit angesteckt. Nach einigen Tagen erzählte er uns, dass er weben lernen wolle wie sein Onkel, der Teppiche weben kann.

Nähblättchen

Werken für den Ladentisch

Zum Handeln und Verhandeln braucht es viele Worte und viel Geld.

«Was kostet eine Tüte voll Nüsse?»
«Drei Franken.»
«Ich will diese hier.»
«Soll ich sie einpacken?»

Geld herstellen und Tüten falten

Eine Münze wird unter ein Papier gelegt, mit dem stumpfen Ende eines Bleistifts wird «gerubbelt», bis die Münze auf dem Papier erkenntlich wird und ausgeschnitten werden kann. Natürlich eignen sich dazu auch Geldstücke aus andern Ländern.
Für den Verkaufsladen werden Säcke, Tüten und Tragtaschen gefaltet und geklebt.

Eistorte aus Gips

Eistorten

Neben Salzteigbroten und Äpfeln aus Papiermaché stellen die Kinder wunderbare Eistorten aus Gips her. Gips mit wenig Wasser anrühren und in eine Form giessen. Für eine rosa Erdbeereistorte wird dem Wasser etwas rote Wasserfarbe beigemischt. Trocknen lassen und stürzen.

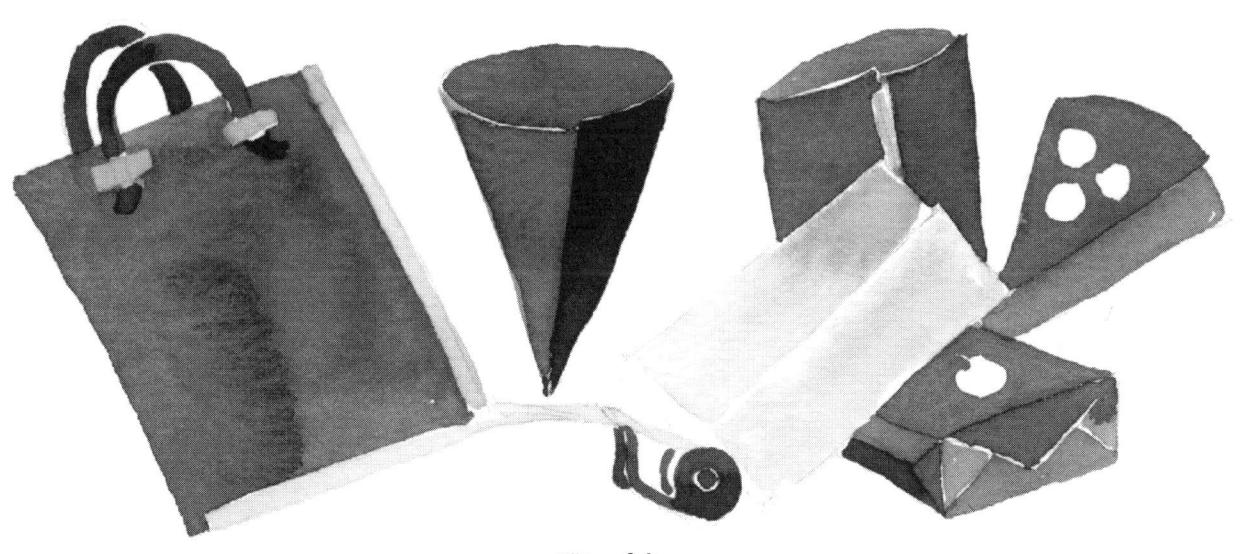

Tüten falten

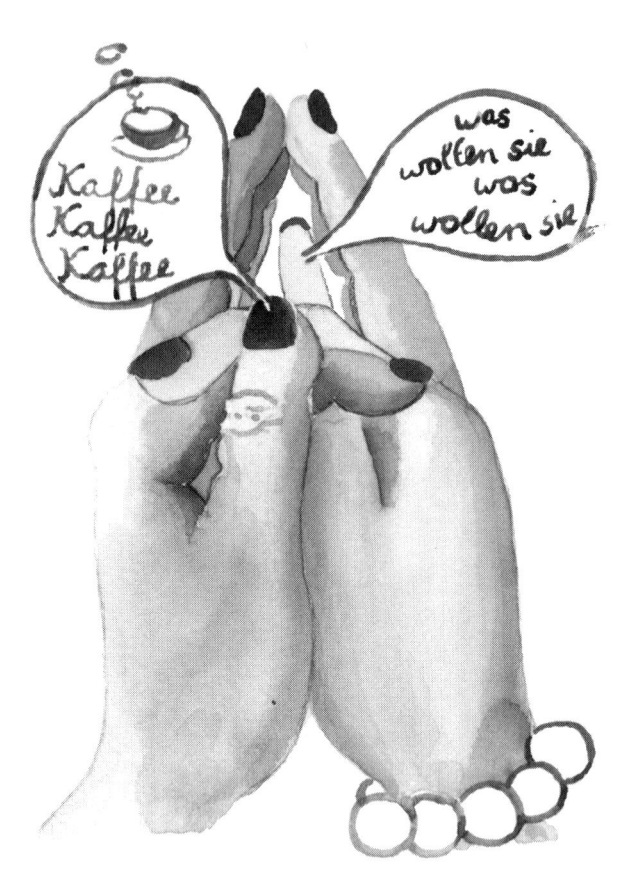

Ladentisch, Verkäufer und Käufer

Vers

Was wollen sie…

Was wollen sie?
Was wollen sie?
Kaffee, Kaffee, Kaffee!
Das hämmer nöd,
das hämmer nöd.
Ade, ade, ade!

Beide Hände flach gegeneinander halten. Die Zeigefinger werden zum Ladentisch, der kleine Finger zum Verkäufer, der Daumen zum Käufer.

Schaffen, schütteln, zaubern

Märchenstadt als Gruppenarbeit

Am Werktisch werden viele Schachteln und Schächtelchen, Panettoneverpackungen und Kartonröhren bemalt. Aus Papier werden Turmspitzen gedreht und geklebt. Die ganze Gruppe hilft mit, die Märchenstadt aufzubauen.

Dabei muss gemeinsam besprochen werden, wo der höchste Turm hingebaut werden soll, wie er festgemacht werden kann, wo ein Park und wo ein Hochhaus entstehen soll. Wichtig ist, dass sich dabei alle Kinder der Gruppe beteiligen können und miterleben, wie das Gemeinschaftswerk entsteht.

Märchenstadt

Mäusespiel

Das Mäusespiel ist ein Geschicklichkeitsspiel, das die Kinder nach Hause nehmen können. Zur Herstellung braucht es eine runde Käseschachtel mit Zellophandeckel. Auf den Schachtelboden wird eine Blumenwiese gemalt, die Schublade einer Zündholzschachtel wird als Nest auf die Wiese geklebt. Drei Linsen oder Erbsen sind die Mäuse. Die Schachtel wird geschlossen. Wer bringt die Mäuse ins Nest?

Mäusespiel

Kugel fangen mit Eierschachtel

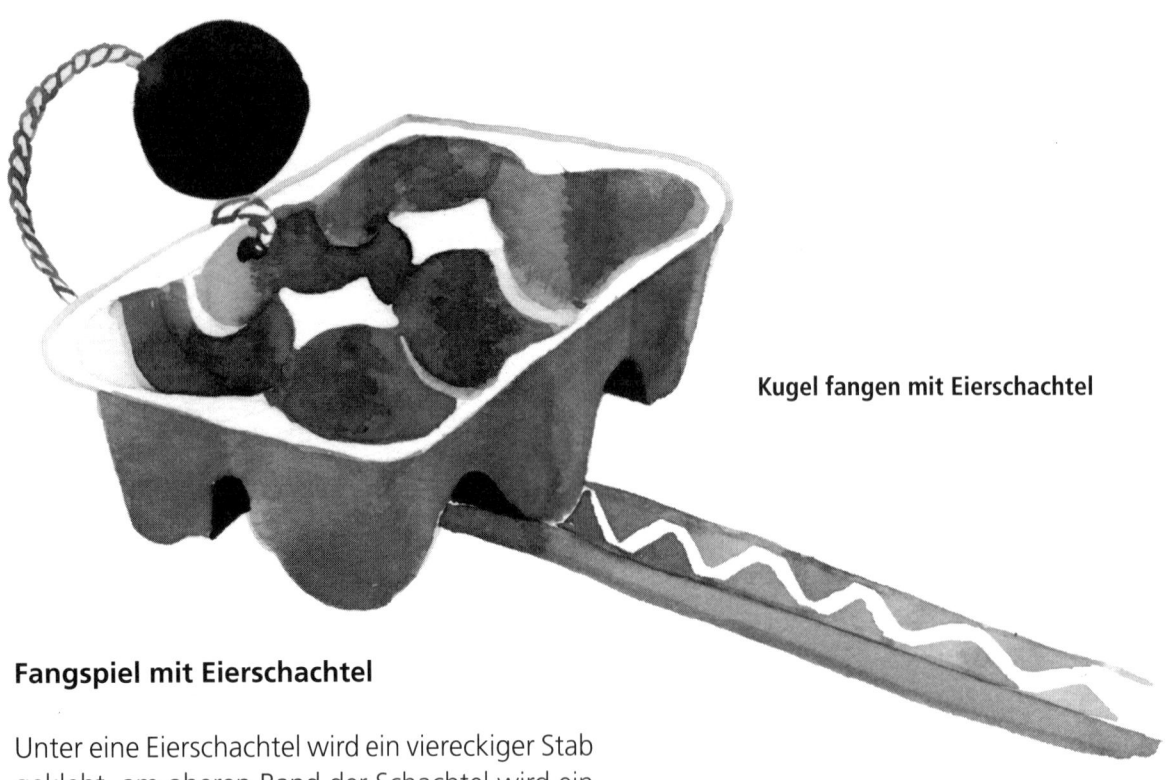

Fangspiel mit Eierschachtel

Unter eine Eierschachtel wird ein viereckiger Stab geklebt, am oberen Rand der Schachtel wird ein langer Wollfaden mit einer Kugel aus Silberpapier angebunden. In die sechs Vertiefungen werden Punkte wie auf dem Würfel eingezeichnet. Wer den silbernen Ball in der Eierschachtel auffangen kann, schaut nach, wieviele Punkte ihm zustehen.

Zaubern mit der Farbenbrille

(Vergleiche Brille zum Ausschneiden auf der nebenstehenden Seite)

Auf Halbkarton zeichnen die Kinder eine Brille, zusätzlich die zwei Halbkreise unter den Brillengläsern. Beides wird ausgeschnitten. Die zwei Halbkreise werden am unteren Glasrand nur am Rand angeklebt.
Aus roten, gelben, blauen, grünen und violetten Sichtmäppchen werden die Gläser ausgeschnitten und in das Brillengestell gesteckt. Wer durch die blauen Gläser schaut, sieht alles blau, wer durch die gelben Gläser schaut, sieht einen sonnigen Kindergarten. Mit den Brillen üben die Kinder die Namen der Farben und der Gegenstände, die sie bald blau, bald rot, bald violett zaubern.

Zaubersprüche

Italienisch
Di rosso, di verde, di blù:
E Susanna non c'è più.
Deutsch:
Aus rot, aus grün, aus blau:
Und Susann ist nicht mehr da.

Schweizerdeutsch
Hokus pokus
Ich lise e Farb us.
D' Farb isch: grüen!
Abrakadabra
Ich wott e Farb ha!

Türkisch
Hokus pokus
Karga bacak
Çıktı, çıktı, ne çıktı?
Işte simitler çıktı.

Farbenbrille zum Ausschneiden

Kochen, kosten, kommunizieren

Backen, Rüsten, Kochen sind Erlebnisse und Tätigkeiten, die sich gut zum Deutsch lernen eignen, weil die Kinder die Gegenstände auch mit den Händen greifen, daran riechen, sie schälen, schneiden und erst noch essen können. Es sind sehr sinnliche Tätigkeiten, die in einem direkten Zusammenhang mit dem Leben der Kinder stehen. Sie regen zum Tun und Sprechen an. Die Kinder erleben Dinge, die sie von zu Hause kennen, es ist ihnen vieles vertraut. Wird im Kindergarten gekocht, können Eltern dazu ermuntert werden, ihre Kinder beim Kochen mithelfen zu lassen. Die Kinder werden dazu ermutigt, selber ein Messer in die Hand zu nehmen, um eine Orange zu schneiden. Eltern können Ideen, Ratschläge und Rezepte beitragen.

Schon beim Planen wird «Sprache» geübt. Wer bringt eine Schüssel, wer ein Sieb, wer die Kochtöpfe und wer die Zitronenpresse? Die Vorbereitung ist ebenso wichtig wie das Kochen. Gemeinsam wird im Quartierladen eingekauft, es entsteht ein Verkaufsspiel im Verkaufladen, diesmal mit richtigen Esswaren. Es wird über die Zutaten gesprochen, sie werden benannt und ausprobiert.

Einfache Menüs zum Beginn
- Fruchtsalat: gibt viel zu schneiden, nichts zu kochen
- Apfelschnitze
- Buchstabensuppe
- Nussbrötchen: Brotscheiben mit Butter bestreichen und mit Nüssen verzieren
- Popcorn
- Weihnachtsgebäck
- Tee: Türkische Familien haben andere Teekrüge in denen der Tee besonders schmackhaft zubereitet wird. Diese Teekrüge sind zweistöckig: unten wird das Wasser gekocht, oben der Tee angegossen. Es lohnt sich, eine türkische Mutter zu bitten, im Kindergarten türkischen Tee zu kochen. Da er sehr süss getrunken wird, schmeckt er meistens allen Kindern.

Ein gelungenes Rezept kann in kurzen Abständen mehrmals gekocht werden. Die Kinder werden dabei selbständiger, jedes kann einmal Äpfel schneiden, im Topf umrühren oder Käse raffeln.

Orangensaft und Apfelcrème

Orangensaft
Zuerst werden die Orangen angeschaut, dann aufgeschnitten. Für etliche Kinder ist es das erste Mal, dass sie selber ein Messer brauchen; zudem ist es nicht einfach, eine runde Frucht zu halbieren, ohne dass sie davonrollt. Dann wird gepresst. Die Arbeit regt die Kinder zu Gesprächen an. Eines erzählt, dass sie zu Hause eine elektrische Orangenpresse hätten, ein anderes sagt, dass ihre Presse ganz von oben nach unten gedrückt werden müsse. Prompt schneidet sich ein Kind in den Finger.
Dass neben den Wörtern «pressen», «schneiden», «Orange» jetzt auch noch Heftpflaster und Blut zum Wortschatz der Mundartlektion gehören, war nicht geplant.

Apfelcrème
Für eine Apfelcrème für fünf Personen braucht es folgende Zutaten:
- 5 Äpfel
- 1 Halbfettquark
- ½ Zitrone (Saft)
- eine gute Prise Vanillezucker
- 2–3 Teelöffel Zucker

Zubereitung
Äpfel waschen, schälen, raffeln
Quark mit Zitronensaft, Zucker und Vanillezucker mischen
Äpfel hineingeben und alles mischen
in Schüsselchen anrichten

Die Zutaten liegen auf dem Tisch, alles wird betastet, an allem wird geschnuppert. Wie riecht Quark, wie Zitrone und wie Vanillezucker? Wir betrachten Raffel und Zitronenpresse. Mit gegenseitiger Hilfe werden die Äpfel geraffelt. «Raffle», das Geräusch des Raffelns ist wortmalerisch, die Kinder können es sich gut einprägen. Alle Zutaten werden probiert. Quark ist vielen vertraut, aber beim Zitronentropfen auf der Zunge bleibt den meisten das Wort «suur» wirklich haften. Süss, sauer, bitter sind Wörter, die die Kinder nur durch Erfahrungen lernen können. Die Mimik der Empfindungen hilft, die Begriffe zu verdeutlichen.

Schliesslich ist alles gemischt und bereit zum Essen. Da zeigt sich dann oft, dass die Zubereitung mehr Spass gemacht hat als das anschliessende Essen. Den einen schmeckt die Crème, sie haben Spass etwas zu essen, das sie noch nie zuvor gegessen haben; andere sind skeptisch und brauchen aufmunternden Zuspruch oder verzichten lieber.

In der nächsten Lektion werden die Kinder das geschriebene und gezeichnete Rezept ausmalen. Wir erinnern uns aller Zutaten und Utensilien. Einige nehmen das Rezept nach Hause, um es mit der Mutter auszuprobieren.

Lebkuchen verzieren

Lebkuchen können mit bunten Zuckerkügelchen, Smarties oder Zuckerornamenten verziert werden.

Glasur
50 g Puderzucker mit einem Eiweiss und einigen Tropfen Zitronensaft in einer Tasse rühren, bis die Masse glatt und dick ist. Mit einigen Tropfen Lebensmittelfarbe können auch bunte Glasuren hergestellt werden. Mit einem Pinsel können die Kinder Tupfen machen, mit einer Tüte aus Pergamentpapier Muster zeichnen. Fingerleckend lernen sie die Wörter «süss», «gut» und «klebrig» kennen.

Kinderverse rund um Kochen und Essen

Fingervers

Föif Ängeli chömed gschprunge,
föif Ängeli händ gsunge.
S erscht blaast es Füürli a,
S zweit schtellt es Pfännli draa,
S dritt rüert es Breili dri,
S viert tuet brav Zucker dri,
S föift seit: Ich richte-n-a,
Iss mini liebi Claudia.
Iss min liebe Hanslimaa.

De Hansli am Bach

De Hansli am Bach
Hät luuter guet Sach,
Hät Fischli zum Zmorge
Und Chräbsli zum Znacht!

Bölle drüberabe (Zwiebeln)

Bölle drüberabe, drüberabe,
Bölle drüberabe, drüberabe,
Bölle us de obere Trucke,
Bölle us de undere Trucke,
Bölle drüberabe, drüberabe!

Serbokroatischer Vers

Kašika, viljuška, nož
Ide brzi voz
A u vozu tri a lata
Kašika, viljuška, nož.
Deutsch:
Löffel, Gabel, Messer
Der Zug fährt vorbei.
Im Zug sind
Löffel, Gabel, Messer.

Italienischer Vers

Uno, due, tre
Spaghetti, patate, caffè
Spaghetti, patate, caffè, caffè
Spaghetti, patate, caffè
Deutsch:
Eins, zwei, drei
Spaghetti, Kartoffeln, Kaffee

Teighasen und Teigmäuse

Einfache Hefegebäcke lassen sich im Kindergarten gut herstellen. Je nach vorhandener Zeit kann der Teig im voraus gemacht und mit den Kindern nur verarbeitet werden. Es ist aber auch möglich, in einer kleinen Gruppe den Teig selber herzustellen.

Rezept
- 1 kg Weissmehl
- 1 Ei und 175 g Kochbutter
- 6 dl Milch, 1 Hefewürfel
- Weinbeeren für die Augen

Zubereitung
Mehl und Salz in eine Schüssel geben, Milch leicht erwärmen und die Butter schmelzen. Hefewürfel zerdrücken und mit etwas lauwarmer Milch vermischen. Alles mit dem Holzlöffel mischen und gründlich kneten.

Das Kneten wird immer zu einem besonderen Spass. Jedes Kind kann ein Stück Teig herstellen. Im Rhythmus zum Kneten werden die Zutaten repetiert: «Mehl sieben, Ei aufschlagen, Milch dazu giessen, Teig kneten.»

Der Teig muss eine halbe Stunde ruhen und darf nicht mehr geknetet werden. Dann wird er zu Teighasen und Teigmäusen geformt.

Teighase und Teigmaus

Das Festessen der Mäuse

Wir hatten das Thema Maus. Aus der Tierhandlung waren zwei Mäuse für eine Woche im Kindergarten zu Besuch. Die Kinder konnten die Tiere pflegen, beobachten und kennenlernen.

Wir besprachen das Mäusefutter: Sonnenblumenkerne, Haferflocken, Weizenkeime, Erdnüsse, Kürbiskerne. Ein türkischer Junge zeigte uns, wie man Kürbiskerne essen konnte, ohne sie vorher von Hand zu schälen: auf den Kern beissen, bis dieser sich etwas öffnet, dann mit der Zunge den essbaren Kern herausholen.

Wir kochten als Mäusefestessen ein «Habermus» Dazu braucht es Haferflocken, Milch, Salz, Zucker, etwas Zimt. Mit der Mundartgruppe hatten wir bereits am Vortag die Zutaten eingekauft.

Dann wurde gekocht: die Milch sieden und Haferflocken dazurühren. Ein Kind musste umrühren, ein anderes hielt den Kochtopf fest, eines gab eine Prise Salz dazu, eines etwas Zimt, einige deckten den Tisch. Da diese Gruppe noch Zeit hatte, begannen die Kinder ein Spiel: Sie mussten mit verbundenen Augen in einen Korb greifen und herausfinden, ob sie einen Teller, einen Löffel, eine Gabel oder eine Tasse ertasteten. Bald waren die Haferflocken zu einem feinen Brei gekocht, der nur noch gezuckert werden musste. Diesmal schmeckte das Festmahl allen. Kein einziges Kind wollte nicht vom «Habermus» probieren.

Zum Schluss zeichneten wir alle Zutaten des Rezepts; einige Kinder wollten diese auch angeschrieben haben.

Deutsch lernen durch das Medium der Sprache

Fantasieren, fabulieren

Zum Kindergartenalter gehört das Fantasieren. Die Kinder denken sich fantastische Dinge aus, verwandeln sich in Hexen und fliegen auf ihren Besen über die Berge. Sie hören ihre Puppen sprechen, essen mit einem imaginären Freund, bekämpfen unsichtbare Feinde.
Im Kindergarten wird oft die Vorstellungskraft der Kinder einbezogen. «Wir sind Räuberinnen und schleichen durch die Strasse.» – «Diese vier Stühle wären Frau Holles Haus.» – «Der Reif wäre der tiefe Brunnen, wo Marie ihre Spindel wäscht.»
Bei der Arbeit mit Kindern, die einen kleinen schweizerdeutschen Wortschatz haben, ist es schwierig, auf der Fantasie aufzubauen. Sie verlieren schnell den Faden, weil sie nicht mehr verstehen, wovon und auf welcher Realitätsebene gesprochen wird. Sie verstehen nicht, dass Fantasie gefragt ist. Das Fantasieren kommt dadurch oft zu kurz.

«Speziell bei ausländischen Kindern sind Pädagogen leicht versucht, ganz bestimmte Worte und Begriffe, die die Kinder täglich brauchen, fast wie im isolierten Sprachtraining besonders zu betonen. Dabei bleibt der Wortschatz eng, und die Kinder werden häufig weder emotional noch in ihrer Fantasie angesprochen – beides eine Voraussetzung für das Lernen...»

(Zitat aus: «Es war einmal, es war keinmal...» Verlag Beltz praxis).

Um mit fremdsprachigen Kindern trotz kleinem Wortschatz fantasieren zu können, werden Spiele angeregt, die den Kindern zeigen, dass sie ihre eigene Fantasie einsetzen sollen. Fantasiespiele können zu jedem Thema ausgedacht werden, von dem die Kinder schon einige Wörter kennen. Die Spiele eignen sich sowohl für die ganze Klasse wie auch für eine kleine Gruppe oder den Mundartunterricht. Bei Fantasiespielen brauchen die Kinder ihren bereits erworbenen Wortschatz. Es kann auch genügen, wenn sie erst einzelne Worte sagen können.

Ein Stuhl ist ein Stuhl...

In meinem Kindergarten sind fast alle Kinder fremdsprachig. Ich muss daher bei jeder Anweisung darauf achten, dass die Kinder verstehen, was ich meine. Fantasiespiele sind also erst nach einer besonderen Einführung und einer «Reise ins Märchenland» möglich. Beim Besuch einer Arbeitskollegin, die in einem Quartier ohne fremdsprachige Kinder arbeitet, ist mir aufgefallen, wie sehr sich meine Arbeit durch die Anwesenheit der fremdsprachigen Kinder verändert hat. Meine Kollegin stellte beispielsweise einen Stuhl in die Mitte, legte ein graues Tuch darüber und sagte zu den Kindern: «Das wäre ein Berg. Jetzt steigen wir über den Berg». Meine fremdsprachigen Kinder hätten gestaunt: Gestern noch haben sie gelernt, dass dieser hölzerne Gegenstand zum Sitzen «Stuhl» heisst. Heute soll er «Berg» heissen.

Fantasiespiele

Fernrohrspiel
Die Kindergärtnerin schaut durch ein Fernrohr (eine Kartonröhre) und sagt:
«Ich sehe das Meer. Und ein Schiff. Und ein Kind geht baden.»
Etwas ungläubig werden die fremdsprachigen Kinder durch das «Fernrohr» schauen und merken, dass es sich um ein Fantasiespiel handelt. Vielleicht erzählen sie nun, dass sie einen Dinosaurier sehen.

Hexenspiel
Alle Hexen sitzen im Kreis und erzählen, was sie gehext haben.

Papierflugzeuge
Die Kinder haben Flugzeuge gefaltet. Jetzt erzählen sie, wohin die Flugzeuge geflogen sind: nach Amerika, Italien, Interlaken, zu den sieben Zwergen oder zu Tarzan.

Gespräch mit dem Mond
Wenn der Mond am Tag zu sehen ist, kann er den Kindern erzählen, was er in der letzten Nacht auf der Erde gesehen hat. Die Kinder helfen ihm dabei. Vielleicht hat er die Grossmutter in Sri Lanka gesehen? Oder die Mutter, die auf einer Geschäftsreise in London weilt? Oder er sah einen Bären in Sibirien, die Barbie im Swimmingpool.

Im Zwergenland

Mehmet war sehr angetan von den Zwergen, die wir im Kindergarten hatten. Er sagte, er wolle selber ein Zwerg werden. Im Mundartunterricht stellten wir uns die Aufgabe: Wir werden Zwerge, was brauchen wir dazu? Anna richtete sich ein Bett aus einer Zündholzschachtel. Jana konstruierte ein kleines Auto aus Lego. Mehmet und Wassili bauten ein Haus aus kleinen Klötzen, holten Tiere vom Stall. Rajan baute eine Mondrakete aus einer Kartonrolle.

Das Treffen der Zauberer
Die Zauberer mit Zauberhüten erzählen, was sie in letzter Zeit alles verzaubert haben: «Ich habe die Schuhe der Kindergärtnerin in Katzen verzaubert.» Dabei wiederholen sich immer die gleichen Satzstrukturen.

Wolkenbilder
Die Kinder sitzen oder liegen auf der Wiese und schauen den Wolken zu, die am Himmel vorbeiziehen. Sie erzählen, was sie in den Wolken sehen.

Lehmtiere formen
Aus Lehm werden Tiere geformt. Die Kinder erzählen, welches Tier sie gemacht haben, was es frisst, was es erlebt. Sie geben ihm einen Namen.

Reale Themen
Es ist Abend, der Vater ist noch nicht von der Arbeit zurückgekehrt, die Mutter muss weggehen (im Abendverkauf einkaufen, Büro putzen, einer Freundin etwas helfen), das Kind ist allein. Das ist eine Situation, die alle Kinder kennen. Ein Austausch, wie man sich in dieser Situation verhält, kann daher für alle spannend sein. Die Kinder denken sich aus, was sie alles machen könnten.

Geschichten erzählen, Geschichten hören

Auch fremdsprachige Kinder brauchen Geschichten. Zu Beginn des Kindergartenjahres ist es aber noch kaum möglich, ihnen Geschichten auf Schweizerdeutsch zu erzählen. Es muss nach weiteren Möglichkeiten gesucht werden, wie die Kinder trotzdem zu Geschichten kommen. (Siehe dazu auch Kapitel: Mit Muttersprachen Brücken bauen).
Es können Bilderbücher gezeigt werden, deren Handlung anhand der Bilder verstanden wird. Dabei eignen sich auch Bilderbücher, die sich eigentlich an dreijährige Kinder richten. Wenn die Kinder etwas Deutsch gelernt haben, wird der Schwierigkeitsgrad erhöht. Da Bilder und Sprache eng verbunden sind, werden diese als

Ganzes aufgenommen. Bilderbücher eignen sich auch, um sich mit einem einzelnen Kind zurückzuziehen und gemeinsam die Bilder zu betrachten.

Später können einfache Geschichten ohne Bilder erzählt werden. Einzelne wichtige Wörter werden mit den fremdsprachigen Kindern im voraus geklärt oder erspielt.

Bei der Auswahl der Geschichten muss darauf geachtet werden, dass diese auch die fremdsprachigen Kinder in ihrer Lebenssituation ansprechen. Es gibt etliche geeignete Bücher, welche die Lebensrealitäten fremdsprachiger Kinder beinhalten. Man soll sich allerdings davor hüten, traurige Schicksalsgeschichten isolierter Ausländerkinder zu erzählen, mit denen sich kein fremdsprachiges Kind identifizieren will. Eine Zusammenstellung der Kinder- und Jugendliteratur zu interkulturellen Themen ist beim Schweizerischen Jugendbuch-Institut in Zürich 1993 neu erschienen unter dem Titel: «Im andern Land» (in der Buchhandlung zu beziehen).

Wiederholungen

Viele Kinder mögen es, das gleiche Märchen, die gleiche Geschichte immer wieder zu hören. Wehe, man ändert beim Erzählen einen Satz der Geschichte! Die Kinder hören meist sehr aufmerksam zu, daher wird die Erzählung zum einprägsamen Sprachvorbild.

Auch innerhalb vieler Märchen und Geschichten kommen Wiederholungen vor. So wird der Tauschhandel bei Hans im Glück fast immer mit den gleichen Worte abgeschlossen; die böse Königin fragt jedesmal mit dem selben Spruch «Spieglein, Spieglein an der Wand…», ob sie noch die Schönste wäre. Wiederholungen erzeugen für die Kinder eine besondere Spannung und ermöglichen, ganze Teile von Geschichten fast auswendig herzusagen.

Für fremsprachige Kinder ist das Zuhören allerdings anstrengender. Darauf soll Rücksicht genommen werden. Wenn die Kinder ermüden, wird die Geschichte später weiter erzählt. Sie verstehen sie jedesmal besser und denken mit der Zeit ganze Sätze oder Aussagen mit.

Die Kindergärtnerin kann sich beim Erzählen auch selber auf Tonband aufnehmen. Die Kinder können dadurch die Geschichte zu Hause noch-

---

Pingu, der Fernsehstar

Pingu ist der Pinguin einer gezeichneten Fernsehserie, welche fast alle Kinder zu Hause gesehen haben. Diejenigen Kinder, die aber nichts von Pingu wussten, fühlten sich bei Pingu-Spielen ausgeschlossen. Es waren jene Kinder, die zu Hause türkisches und italienisches Fernsehen schauten. Pingu ist ein Kindertrickfilm, den auch fremdsprachige Kinder verstehen können, da die Pinguine nicht richtig sprechen, sondern schnattern. Ihr Geschnatter kann aus den Bewegungen, der Mimik, aus der Sprachmelodie und dem Sprechtempo verstanden werden. Die Geschichten sind sehr einfach. Wir konnten den Film bei einem Kind zu Hause anschauen – und Pingu wurde zum wichtigen Thema. Die Kinder lernten dabei zwar besser schnattern als sprechen, sie lernten sich aber auch mit Schnattern auszudrücken. Der Film bot keine Sprachvorbilder an, dafür kannte die ganze Klasse die gleiche Geschichte, die wir nachspielen und nacherzählen konnten. Wir bastelten und zeichneten Pinguine. Die Geschichte wurde auf viele Arten in Sprache umgesetzt.

---

mals anhören. Ein Tonband kann auch einem kranken Kind ausgeliehen werden.

Geschichten durch Figuren verständlich machen

Wenn Kinder noch wenig verstehen, kann eine Geschichte zuerst mit den Kasperlifiguren vorgespielt werden. Die Dialoge müssen durch Requisiten und Gesten verdeutlicht werden.

Kleine Geschichten können mit Marionetten, Finger- oder Handpuppen gespielt, oder als Tischtheater mit kleinen Püppchen auf dem Thementisch inszeniert werden. Auch hier ist es der Sprachförderung dienlich, wenn die gleiche Geschichte mehrmals gespielt wird. Mit der Zeit können die Kinder einzelne Rollen übernehmen.

Bilder lesen, Bilder verstehen

Nicht alle Kinder können Bilder erkennen, lesen und verstehen. Bilder und Bilderbücher anschauen ist nicht in allen Kulturen verbreitet. Unsere Gesellschaft lebt mit zweidimensionalen Bildern. Aus dem Fernseher, aus Zeitungen, von den Plakatwänden, aus Bilderbüchern, Illustrierten, von der Milchpackung auf dem Frühstückstisch – von überall leuchten uns Bilder entgegen. Schon das kleine Baby bekommt im Stubenwagen sein Plastikbüchlein mit Bildern zum Dreinbeissen. Deshalb können wir uns kaum vorstellen, dass es Kinder gibt, die Bilder nicht «lesen» und erkennen können. Ihnen müssen wir mit didaktischen Mitteln Anweisungen zum Erkennen und Lesen von Bildern und Zeichen geben, damit sie Bücher, Symbole, später auch die Schrift, als Abbildung von Realitäten verstehen können.

Birne im Bild

Wir betrachteten, besprachen und assen Früchte, die ich mitgebracht hatte. Zum Abschluss der Lektion zeigte ich den Kindern ein Bild vom Markt, auf dem alle Früchte abgebildet sind. Mara konnte die Früchte auf dem Bild nicht erkennen, obwohl sie deutlich dargestellt waren und sie die richtigen Früchte hatte benennen können.

Mara war erst kurz vor Kindergarteneintritt aus Kosovo in die Schweiz gekommen. Sie musste dort sehr abgelegen mit ihrer Mutter bei ihren Grosseltern gelebt haben, der Vater war schon längere Zeit hier.

Im Kindergarten gehen wir davon aus, dass Kinder Gegenstände, die sie kennen auch auf Bildern erkennen. Zuerst vermutete ich, Mara könne nicht gut sehen, stellte aber fest, dass sie ein gutes Sehvermögen hatte.

Beim Schulpsychologen für fremdsprachige Kinder hörte ich, dass immer wieder Kinder in die Kindergärten eintreten, die noch nicht gelernt haben, Bilder zu lesen. Sie kommen aus Kulturen, die ohne Bilder leben, auch kein Zeichnungsmaterial haben, um selber das zweidimensionale Bildermachen auszuprobieren zu können.

Ich habe darauf für den Verkaufsstand Äpfel und Birnen aus Plastik bereitgestellt, die wir mit den echten Früchten verglichen. Mara schmunzelte, sie hatte verstanden. Ich legte Bilder von Äpfeln und Birnen daneben, die Kinder ordneten den Plastikapfel und den richtigen Apfel dem Apfelbild zu. Mara staunte. Wir schauten zusammen das Bild mit der Birne genau an. «Das ist eine Birne», sagte ich. Mara lachte mich an, sie schien die Abstufungen von «echt» zu «unecht», von «unecht» zu «abgebildet» verstanden zu haben. Am nächsten Tag wiederholten wir die Übung mit Birne und Apfel. Dann zeigte ich ihr einen Stuhl und das Foto von einem Stuhl. Mara schaute genau hin, dann zeigten wir Stuhlbeine, Lehne, Sitz. In den nächsten Wochen zeigte ich ihr immer wieder ein Bild und den entsprechenden Gegenstand.

Sie lernte schnell, unsere Bilderspache zu verstehen. In der Mundartgruppe versuchten wir zu spielen, was im Bilderbuch zu sehen war. Interessanterweise lief auch die Entwicklung des Zeichnens parallel zum Bilderlesen. Zuerst zeichnete Mara wild drauflos, bald erschienen Kopffüssler auf ihren Bildern, und nach einem Quartal zeichnete sie differenziert, geschickt und mit viel Freude am Detail.

Rollenspiel und Fingertheater

Rollenspiele sind für den Sprachunterricht sehr geeignet, weil die Kinder dabei die Sprache in verschiedenen Situationen erproben. Zudem entsprechen geführte Rollenspiele dem Kindergartenalter, sind doch ein Grossteil der spontanen Spiele im Kindergarten Rollenspiele. Diese können aus einer Situation entstehen oder durch Geschichten und Requisiten angeregt werden.
Zum Rollenspiel gehört das Sprechen. Die Stimme wird verstellt, die Kinder probieren verschiedene Rollen aus. Für manche Kinder ist es einfacher, einer Rolle zu übernehmen als bewusst zu reden.
Bei spontanen Rollenspielen, welche die Kinder gemeinsam entwickeln, üben sie die verschiedensten Gesprächssituationen. Ab und zu kann die Kindergärtnerin mitspielen und versuchen, ein Kind, das nur am Rande mitspielen darf, stärker zu integrieren. Als Mitspielerin ist sie Vorbild, und die Kinder beobachten genau, wie sie etwa als Schaffnerin die Fahrkarten knipst und was sie dazu sagt.
Fingerpuppen helfen scheue Kinder für Sprechübungen und Sprachspiele zu gewinnen. Es gibt verschiedene Möglichkeiten, Fingerpuppen herzustellen. Am einfachsten ist es, den Fingerkuppen Augen, Mund und Nase aufzumalen, aus einem Stück Stoff ein Kopftuch zu formen oder einen winzigen Papierhut zu falten; ein Stoffrestchen mit einem Loch wird über den Finger gezogen. Damit sind die Schauspieler des Miniaturtheaters bereit. Hinter einer Kartonschachtel, aus der ein Fenster ausgeschnitten worden ist, lässt sich herrlich spielen. Die Fingerpuppen erzählen Geschichten, führen Gespräche und lachen zusammen.

Papagei als Lehrer

Im Sommer trafen wir auf dem Spielplatz einen älteren Mann mit einem Papagei. Die Kinder schauten dem Vogel lange zu und warteten gespannt, bis er endlich krächzte: «Guten Morgen, guten Morgen! Ade, ade! Danke schön, danke schön!» Die Kinder imitierten den Papagei und krächzten die gleichen Wörter. Auf diese Art lernte ein portugiesischer Bub seine ersten deutschen Ausdrücke.

Theaterspielen, Dialoge sprechen

Theaterspielen mit Kindern kann zu einer erfolgreichen Sprachübung werden. Die Kinder sind dabei meistens derart in ihre Rolle vertieft, dass sie kaum merken, wie sie ganze Dialoge in deutscher Sprache aufnehmen und sprechen lernen. Zu einer Theateraufführung kommen meistens alle Eltern. Sie freuen sich darauf, ihre Kinder als Schauspielerinnen und Schauspieler zu sehen. Theater ist den meisten ausländischen Eltern nicht fremd, wird doch in vielen Kulturen Theater gespielt.

Die Kinder schlüpfen in verschiedene Rollen: Sie denken und spielen sich in die Rolle des Räubers, der Königin, der Hexe oder der Maus hinein.

Erdem in der Bärenrolle

Am meisten Spass hatten die Kinder im Mundartunterricht beim Dramatisieren der Geschichte vom kleinen Bären, der nicht einschlafen konnte. Es war deutlich spürbar, dass ihnen Einschlafprobleme bekannt waren. Der kleine Albaner Erdem, der erst wenige Wochen in der Schweiz war und nie ein Wort sagte, hatte den Bildern im Bilderbuch entnommen, was mit dem kleinen Bären los war. Spontan meldete er sich zum Dramatisieren. Er konnte sich bestens in die Rolle des kleinen Bären versetzen, der im Bett herumturnt, immer wieder aufsteht, Kissen aus dem Bett wirft und damit den grossen Bären immer wieder zu sich rufen kann. Das begeisterte Mitmachen von Erdem steckte alle an. Plötzlich gehörte er ohne deutsche Wörter sprechen zu können dazu, er hatte einen Weg gefunden, sich bemerkbar zu machen.

Diese Erfahrung war ihm lange Zeit nützlich. Bei jedem Bilderbuch, das wir gemeinsam anschauten, stand er plötzlich auf, zeigte auf eine Figur und machte ihre Bewegungen oder ihren Gesichtsausdruck nach. «Lueg Papagei!» wagte er schliesslich nach vielen Wochen zu sagen und strahlte dabei.

Durch Gestik und Mimik verbessern die Kinder ihre nonverbale Kommunikationsfähigkeit, was gerade für jene wichtig ist, die sich sprachlich noch nicht gut äussern können.

Bei der Vorbereitung auf eine Theatervorführung werden Kinder dazu angeregt, gewisse Sätze korrekt und deutlich auszusprechen. Es gibt immer wieder Kinder, die sich für eine Theateraufführung sehr anstrengen und bei den Vorbereitungen grosse sprachliche Fortschritte machen.

Durch das Einstudieren von kleinen Versen, Liedern und kurzen Dialogen, die bei den Theaterproben viele Male geübt werden, verbessern sich Redefluss und Sprachmelodie.

Sprachlich darf man aber von fremdsprachigen Kindern nicht allzuviel erwarten. Es kann vorkommen, dass ein Kind seinen Part vor lauter Aufregung nicht mehr weiss. Die Kindergärtnerin wird den Satz als Erzählerin beifügen. Die Kinder sollen Spass daran haben und nicht gestresst werden.

Auswahl der «Theaterstücke»

Geschichten für eine Theateraufführung müssen sorgfältig ausgewählt werden. Möglichst alle Kinder sollen mitspielen können. Wer nur eine kleine Rolle spielt, kann die Bühne beleuchten, Plätze anweisen oder in der Pause Popcorn verteilen. Die Geschichte soll viele Dialoge ermöglichen, welche die Kinder nicht wörtlich auswendig lernen, sondern dem Sinn nach spielen und sprechen. Es eignen sich jene Geschichten und Märchen besonders gut, die eine einfache Handlung mit vielen Wiederholungen haben, so etwa die Geschichte «Das schwarze Schaf» von Eleonore Schmid, Nord Süd Verlag. Das schwarze Schaf trifft viele verschiedene Tiere und stellt allen die Frage, ob sie das Gleiche fressen, wie es selber.

Die Wiederholungen geben dem Theater eine Spannung und den Schauspielerinnen und Schauspielern sprachliche Sicherheit.

Lieder lockern eine Theatervorführung auf und erleichtern das Spielen. Allerdings sollen nicht zu viele neue Lieder einstudiert werden, damit den Kindern das Singen nicht verleidet. Vielleicht lassen sich Lieder einbauen, welche die Kinder bereits kennen.

Töne jagen, Sprache fangen

Das Tonbandgerät kann ein sehr geeignetes Hilfsmittel zur Sprachförderung sein, weil die Kinder gerne mit dem Gerät umgehen. Sie verlieren schnell die Hemmungen, und das Tonbandgerät wird zum lustigen Spiel.

Spiel 1
Die Kinder produzieren selber Geräusche, indem sie schnalzen, pfeifen, blasen, Zischlaute produzieren. Anschliessend wird das Band abgehört, die Kinder versuchen sich zu erinnern, wer das jeweilige Geräusch verursacht hat.

Spiel 2
Die Kinder ahmen Tierstimmen nach und erraten beim Abhören die jeweiligen Verursacher.

Spiel 3
Jedes Kind macht eine Aussage über sich: «Ich bin gross». «Ich habe einen blauen Pullover». Beim Abspielen wird erraten, wer der jeweilige Sprecher war.

Spiel 4
Alle Kinder sagen nacheinander den gleichen Satz, dann werden die Stimmen den entsprechenden Kindern zugeordnet.

Post von der Grossmutter

Ein iranisches Kind brachte eine Kassette der Grossmutter in den Kindergarten mit. Die Familie des Kindes und die Grosseltern schickten sich gegenseitig besprochene Kassetten statt Briefe. Alle hörten andächtig zu, obwohl wir den Inhalt nicht verstehen konnten. Wir sangen daraufhin für die Grossmutter in Isfahan unsere Kindergartenlieder auf Band.

Spiel 5
Die Kinder singen Lieder wie Schlagersängerinnen und -sänger, eventuell im Playbackverfahren. Dies ist besonders attraktiv mit einem mobilen Mikrophon.

Spiel 6
Die Kinder erzählen eine Geschichte anhand von Bildern.

Spiel 7
Das Tonband wird unbemerkt während des Freispiels eingeschaltet, beispielsweise in der Puppenecke oder bei den grossen Bauklötzen; nachher wird herausgefunden, wo das Tonband wohl gestanden hat.

Spiel 8
Geräuscherätsel: Auf einem Spaziergang werden Geräusche gesammelt: Vogelgezwitscher, Lärm von Autos und Presslufthämmern, Hundegebell, rufende Leute. Nachher wird mit überlegt, wo welche Geräusche herstammen. (Siehe auch Kapitel: Augustine im Kindergarten: Hörspiel).
Ist das Tonbandgerät eingeführt und wissen die Kinder damit umzugehen, kann es ihnen zum Spielen gegeben werden. Oft sind sie sehr erfinderisch.

Vom heissen Brei

Fast alle Kinder meiner Klasse haben ein eigenes Kassettengerät zu Hause. Im Kindergarten erzählte ich das Märchen vom heissen Brei und machte davon eine Tonbandaufnahme. Die Kinder konnten es ausleihen; nach wenigen Tagen wussten es einige fast auswendig. Als ich beim Einkaufen die kleine Schwester eines Kindergartenkindes traf, erzählte sie, dass sie die Geschichte jetzt auch kenne. Sie sagte mir ein ganzes Stück daraus vor und betonte die Wörter genau wie ich.

Sprache zum Anschauen und Anfassen

Für fremdsprachige Kinder muss die Sprache immer wieder durch Anschauungsmaterial, das möglichst alle Sinne des Kindes anspricht, ersetzt und ergänzt werden.

Thementisch

Auf einem Tisch wird mit Bauklötzen, Kartonschachteln, mit Spielmaterial von der Puppenstube und vom Stall, mit Steinen, Moos und Pinienzapfen eine Spielwelt zum aktuellen Kindergartenthema aufgebaut.

Der Thementisch eignet sich besonders gut, um mit fremdsprachigen Kindern eine erzählte Geschichte zu veranschaulichen. Dabei können sie die Zusammenhänge besser erfassen. Sie können die Geschichten selber spielen und so das Geschehen nachvollziehen. Bei hohem Ausländeranteil empfiehlt sich der Tisch zu fast jedem Thema. Er kann auch für den Mundartunterricht genutzt werden. Die Kinder üben und repetieren beim Spielen jene Wörter, die zu dieser Zeit im Kindergarten oft vorkommen.

Die Kinder sollen beim Herrichten des Thementisches einbezogen werden. Sie sind dabei meist sehr erfinderisch und denken mit, wie fehlende Gegenstände beschafft oder ersetzt werden können. Figuren für den Thementisch können mit den Kindern auf einfache Weise hergestellt werden.

Tiger zeichnen und bemalen:
Das Tier wird auf Halbkarton gezeichnet
und zweimal ausgeschnitten;
beide Aussenseiten werden bemalt.
In den Zwischenraum wird ein kleines
Holzstück geklebt, damit das Tier
stehen kann.

Schmetterling:
Zum Schmetterlingslied lassen die Kinder Schmetterlinge durch den Kindergarten fliegen.

Anschaulich machen mit Bildern

Inhalte von Geschichten, Versen und Liedern können mit Bildern veranschaulicht werden. Allerdings genügt es nicht, wenn wir einem Kind Dinge, die es nicht kennt, nur auf einem Bild zeigen. Um Gegenstände über das Bild in Erinnerung zu rufen, braucht das Kind vorgängig das Erlebnis.
Bilderlexika eignen sich, um den Kindern unbekannte Gegenstände schnell zu zeigen.
Bilder und Bilderbücher illustrieren eine Geschichte auch ohne viel Sprache. Sie helfen Geschichten zu repetieren oder die Kinder bei einem Vers oder Lied an den Inhalt zu erinnern.

S chrüücht es Schnäggli
S chrüücht es Schnäggli
S Bergli uf
S Bergli uf
Äne wider aabe
Äne wider aabe
Uf em Buuch
Uf em Buuch

Schnecken:
Eine gemalte Schnecke wird ausgeschnitten und auf einen Magnetknopf geklebt.
Mit einem zweiten Magnet kann die Schnecke zum Vers bewegt werden.

Rhythmus, Reime, Verse und Lieder

Reim und Rhythmus haben eine fast magische Wirkung und werden daher beispielsweise in der Werbung häufig gebraucht. Sie können auf verschiedene Arten für den Zweitspracherwerb genutzt werden.

Rhythmische Verse verlocken zu fliessendem Sprechen

Die meisten kleinen Kinder mögen Kinderverse. Es gibt sie in fast allen Kulturen. Auch im Kindergarten- und Vorschulalter haben Kinder noch Spass an der Wiederholung, am Rhythmus und am Reim. Manchmal gehören die Verse zu einem Spiel, zu einer Geschichte, zu einem Zauber. Sie werden für den Nikolaus gelernt oder es werden dazu Bewegungen ausgeführt.
Bei vielen Versen spielt das einzelne Wort keine wichtige Rolle. Dazu gehören Nonsens-Verse. Rhythmische Verse verleiten Kinder zum Nachsprechen und ermöglichen ein fliessendes Reden, auch wenn diese den Inhalt zuerst nicht oder nur zum Teil verstehen.

Ellerli, sellerli
Sigerli sa
Ribedi räbedi
Knoll

Redli, Redli lauff
Gfunde, gschtole,
Bättlet, kauft.
Liirum, laarum Löffelstiil
Öises Chind, das chan nüd viil.

Für die Kinder ist es ein Spiel mit Lauten und Rhythmen. Das kann vor allem für jene nützlich sein, die stockend Deutsch sprechen. Besonders geeignet sind Verse mit vielen Strophen, die sich nur wenig voneinander unterscheiden.

Öpfel, Öpfelschtückli
Alli Chind sind glückli
Alli Chind sind froo
Und mached grad esoo.
(Der Vers wird durch beliebige Bewegungen begleitet)

Uf em Bibabooneberg,
Schtaat es Bibaboonehuus.
I dem Bibaboonehuus,
Häts e Bibaboonefrau.
Und die Bibaboonefrau,
Hät es Bibaboonechind.
Und das Bibaboonechind,
Gaat id Bibabooneschuel.
I de Bibabooneschuel,
Häts en Bibabooneleerer.
Und dä Bibabooneleerer,
Hät en Bibaboonestäcke.
Und dä Bibaboonestäcke biisst!

Tritt ein
Tritt ein
Ins Gräbelein.
Die Sieben
Die Saben
Die schmeckt so fein
Die Katze kommt herein.

Schtrubelimutz, was häsch im Sack?
Schtrubelimutz, drei Öpfel.
Schtrubelimutz, wer hät der s gää?
Schtrubelimutz, de Götti.
Schtrubelimutz, wer isch din Götti?
Schtrubelimutz, de Chabisjöggi!

Teşekkür ederim

Ich wollte mir «Vielen Dank» auf Türkisch merken. Die Kinder sagten es mir immer wieder vor: «Teşekkür ederim». Ich wiederholte die zwei Wörter fleissig, aber kurz darauf hatte ich sie wieder vergessen. Ich schrieb sie mir auf und las sie immer wieder, aber ich konnte sie mir nicht einprägen. Dann suchte ich den Rhythmus der Wörter und klatschte sie zum Sprechen. Auf dem Fahrrad trat ich den Rhythmus in die Pedale. Am Abend war «Teşekkür ederim» im Kopf. Wenn mir der Ausdruck wieder entfiel und ich danach suchte, erinnerte ich mich zuerst an den Rhythmus. Und siehe da: Die Wörter «Teşekkür ederim» waren wieder präsent.

> **Pantoffeln auf dem Zaun**
>
> In vielen Kindergärten wird ein Morgenlied gesungen von einem Finklein, das auf dem Zaun jubiliert (jubled s Finkli uf em Hag). Da die Kinder kurz vor dem Morgenlied ihre Pantoffeln (Schweizerdeutsch = Finken) anziehen, kommt es immer wieder vor, dass die Kinder beim Singen des Liedes «Finklein» und Pantoffeln kombinieren.

Wortschatz lernen mit Reim und Rhythmus

Dank Reim und Rhythmus prägen sich die Kinder den Wortschatz der Verse ein und lernen ihn aussprechen, später lernen sie die gleichen Wörter in anderen Zusammenhängen zu benutzen.

Öpfel, Bire, Nuss
Und du bisch duss!

Ab und zu wird mit den Kindern ein bereits bekannter Vers neu besprochen. Dabei werden einzelne Wörter erklärt, der Inhalt wird gespielt. Für viele Kinder kommt es dabei zu Aha-Erlebnissen. Singend oder den Vers sprechend hatten sie gelernt, einzelne Ausdrücke richtig auszusprechen, haben aber den Inhalt nie richtig verstanden oder falsch kombiniert. Jetzt staunen sie: Die neu entdeckten Wörter geben einen Sinn. Sie werden sie bald zur Verfügung haben und auch in andern Zusammenhängen anwenden können.
Da sich mit Versen und Liedern die Wörter gut einprägen lassen, soll nach Lied- und Versgut gesucht werden, das den Wortschatz auf sinnvolle Art erweitert.

Rhythmus als Erinnerungshilfe

Manchmal wird im Kindergarten ein bestimmter Begriff sehr wichtig. Es wird davon erzählt, dazu gespielt, und es ist wichtig, dass alle Kinder den Ausdruck kennen und aussprechen können. Solche Ausdrücke können mit Hilfe einer Rhythmisierung gut eigeprägt werden. Zum Beispiel wird in einem Kindergarten von Helikoptern gesprochen. Bei einem Spiel werden die Kinder als Helikopter gesteuert. Die Kinder klatschen den Rhythmus zum Wort «He-li-kop-ter» und führen daraufhin die Befehle aus:

He-li-kop-ter flieg!
(Bei «flieg» springen die Kinder mit ausgestreckten Armen.)
He-li-kop-ter hinauf!
(Die Kinder strecken sich beim «Fliegen».)
He-li-kop-ter hinunter!
(Die Kinder fliegen tiefer.)
He-li-kop-ter rechts!
He-li-kop-ter links!
He-li-kop-ter landen!

Weil das Wort «Helikopter» im Rhythmus gesprochen wird und die Kinder den Rhythmus durch Klatschen, Stampfen oder Hüpfen betonen, prägt sich das Wort nachhaltig ein. Natürlich muss vermieden werden, alle Wörter auf diese Art einzuhämmern, da es ein sehr mechanisches Lernen ist.

Begriffe lernen durch rhythmisches Zeichnen

Begriffe oder kurze Sätze können mit rhythmischem Zeichnen geübt werden. Auf einem grossen Papier zeichnen die Kinder und sprechen dazu im Rhythmus:

Zick-zack, zick-zack, zick-zack
Wälle, Wälle, Wälle
Tüpfli, Tüpfli, Tüpfli
Strich, Strich, Strich, Strich
En roote Chreis, en roote Chreis
En blaue Tupf, en blaue Tupf

Sprache mit Bewegungen erleben

Bei kleinen Kindern, die sprechen lernen, werden die Bewegungen und Tätigkeiten oft sprachlich begleitet von Erwachsenen oder von den Kindern selbst.

Ein Kind klettert beispielsweise auf die Rutschbahn und sagt bei jedem Tritt: «Hinauf, hinauf, hinauf». Beim Hinunterrutschen sagt es: «Hinunter». Indem die Kinder Begriffe hören, erleben und aussprechen, können sie diese besser erfassen und sich einprägen. Der Begriff «hinauf» gehört dann untrennbar zum körperlichen Gefühl des Hinaufsteigens.

Dieses Vorgehen kann auch beim Zweitspracherwerb übernommen werden. Begriffe werden körperlich erlebt und mit Sprache begleitet: gehen, stampfen, hüpfen, nach vorne, zuoberst, Farbstift spitzen, Papier schneiden, auf dem Stuhl sitzen, im kalten Wasser stehen, die Hände auf den warmen Radiator legen.

Begriffe, Bewegungen, Reim und Rhythmus können auch kombiniert werden:

Scheren-Rap
Die Kinder schneiden im Rhythmus lange Schnitte in eine Zeitung und sprechen dazu wie bei einem Rap:

Schniide, schniide , schniide,
Mir schniided mit de Schäär.
Schniide, schniide, schniide,
Schniide isch nüd schwäär!

Händeschütteln
Mir lauffed, mir lauffed,
Mir lauffed umenand.
Und wämmer öpper träffed,
So gämmer enand d Hand.
«Grüezi, grüezi, grüezi,
grüezi mitenand!»

Lieder, Verse und Bewegung

Im Kindergarten werden zu Liedern und Versen oft Bewegungen gemacht. Bei der Förderung in der Zweitsprache bekommen diese Bewegungen die Bedeutung einer zusätzlichen Erklärung der Texte oder von Erinnerungsstützen. Allerdings ist bei diesen mimischen Darstellungen nicht sicher, ob die fremdsprachigen Kinder den Inhalt genau verstehen und sich den Begriff richtig einprägen. Die Gesten sollten ab und zu neu erklärt werden. Wenn zum Wort «Haus» mit den Händen ein Hausdach dargestellt wird, ist noch lange nicht für jedes Kind klar, dass von einem Haus gesungen wird.

Stolzer Schneemann

Wir hatten in der Mundartlektion einen richtigen Schneemann gebaut; in der nächsten Lektion spielten wir ein Rollenspiel zu einem den Kindern bekannten Lied vom Schneemann. Durch das Spiel mit Leintuch, Hut und Besen wurden die Worte bildlich vorstellbar und verständlich. Mit Mimik und Körperhaltung liessen sich die Worte «stolz» und «wichtig» erklären und erleben.

Oft gehören die Verse zu Spielen und werden daher viele Male wiederholt. Durch den Vers werden die Kinder ermuntert, selber mitzusprechen, vielleicht einen Teil sogar alleine zu sagen.

Spiel: Bello und der Räuber

«Bello los, ich mues jetzt gaa,
Törfsch mer niemert ine laa!»
«Wau wau wau,
Adie liebi Frau!»
Der Briefträger kommt, Bello sagt:
«Wau wau wau, wer isch daa?»
«De Briefträger».
«Wau wau wau, chum ine!»
(ebenso bei der Zeitungsfrau, beim Milchmann.)
Der Räuber kommt:
«Wau wau wau, wer isch da?»
«En Maa!»
(Räuber schleicht hinein, Bello knurrt, der Räuber rennt davon und Bello versucht ihn zu fangen).

Sprachförderung in gängigen Unterrichtsthemen

Themenarbeit ist nötig und möglich

Im Kindergarten wird zu bestimmten Zeiten in längeren Themeneinheiten gearbeitet, in die verschiedene didaktische und inhaltliche Schwerpunkte integriert werden. Das Ziel solcher didaktischer Einheiten ist immer ein ganzheitliches Erleben und Fördern von Fähigkeiten.

Im Kindergarten mit einem hohen Anteil an fremdsprachigen Kindern erhalten solche Unterrichtsthemen auch eine klare Zielsetzung in Richtung Sprachförderung. Darüber hinaus sollen aber vielseitige Erlebnisebenen (Bewegung, Musik, darstellendes Spiel, Fantasie, Sachinformation, Gespräche und andere) ermöglicht werden.

Im folgenden Kapitel berichten wir aus vier projektartigen Unterrichtseinheiten, die in jedem Kindergarten ohne fremdsprachige Kinder stattfinden könnten, aber im Hinblick auf den Zweitspracherwerb spezielle Schwerpunkte ausbilden. Diese Darstellungen sollen deutlich machen, dass in vielsprachigen Kindergärten längerfristige Themen mit ganzheitlichen Zielsetzungen durchführbar sind. Es ist gerade für fremdsprachige Kinder wichtig, auch längerfristig an einem Thema bleiben zu können, damit sich Sprache, Sätze, Wörter «setzen» können. Ein solches exemplarisches Vorgehen ist auf jeden Fall kindgemässer als ein schnelles «Abhandeln» möglichst vieler Ausdrücke.

Die Bremer Stadtmusikanten erspielen die Zweitsprache

In einem Kindergarten mit sehr vielen fremdsprachigen Kindern ist eine Theateraufführung für die Eltern geplant: Die Bremer Stadtmusikanten sollen aufgeführt werden. Das Märchen ist wegen seiner einfachen und gut verständlichen Handlung geeignet, sind doch die Hauptfiguren fast auf der ganzen Welt bekannt. Kinder aus Mittelmeerländern kennen meist Hähne, Hunde und Katzen aus den Dörfern ihrer Grosseltern. Ein weiterer Grund für die Wahl dieses Märchens war die Tatsache, dass sich einige Kinder vor Hunden sehr fürchteten. Innerhalb dieser Unterrichtseinheit sollten zudem weitere Themenkreise angesprochen werden wie Wald und Waldtiere, Räuber, Musikanten und Instrumente.

Tiere kennen und benennen

Bevor über die vier Tiere der Bremer Stadtmusikanten gesprochen wird, sollen Informationen über die Bedeutung der Tiere in den Herkunftsländern eingeholt werden, um nicht schockiert zu reagieren, wenn allenfalls ein Kind erzählt, dass bei seiner Grossmutter Katzen oder Meerschweinchen gegessen werden.

Um die Tiere nicht nur auf Bildern kennenlernen zu müssen, kann ein Bauernhof besucht werden. Die Waldtiere können die Kinder in der Schulhaussammlung mit ausgestopften Tieren kennen und benennen lernen. Bei Bewegungsspielen, Turnübungen und rhythmischem Zeichnen werden die Bewegungen der Tiere nachgeahmt und benannt. Durch Katzen- und Hundebilder (etwa des Malers Franz Marc) werden die Kinder zum Malen von farbigen Tieren angeregt.

Erst wenn alle Kinder die Namen der Tiere auf Deutsch kennen, wird das Märchen erzählt. Am Thementisch mit Holztieren, mit Tannzapfenwald und Kartonräuberhaus spielt die Kindergärtnerin den Kindern die Geschichte vor und erzählt dazu. Die Räuber sind Holzstabpuppen mit Filzhüten.

Werkarbeit: Räuber

Aus einem halbrunden Karton formen die Kinder einen Räuber, setzen ihm einen Hut auf; die Arme bestehen aus Pfeifenputzern.
Pistolen und Messer sind bei den Kindern nur zu gut bekannt. Als freiwillige Arbeit können aus Karton Pistolen und Messer geschnitten werden. Gemeinsam gefundene Regeln bestimmen, wie mit diesen Waffen gespielt werden darf.

Räuber aus Karton

Vorbereitung für das Theater

Die Puppenecke wird zum Räuberhaus umgebaut. Die Puppen sind in die Ferien verreist!
Im Mundartunterricht stellen die Kinder eine Schatztruhe her, die mit vielen goldenen Gegenständen aus Folie gefüllt ist. In einer weiteren Gruppenarbeit entsteht der Ofen aus einer Waschpulvertrommel und aus Kartonröhren. In seinem Innern brennt ein Feuer: Eine Taschenlampe beleuchtet rotes und gelbes Seidenpapier. Aus Salzteig werden Brote und andere Esswaren der Räuber hergestellt.
Als Tierkostüme nähen Kindergärtnerin und Kinder verschiedene Ohren aus Filz auf alte Kindermützen: graue, lange Ohren für den Esel, schwarze Katzenohren, einen roten Kamm für den Hahn und braune Ohren für den Hund.

Lieder

Es sollen viele Lieder eingebaut werden, damit die Kinder beim Theaterspielen statt nur zu sprechen auch gemeinsam singen können. So wird das Theater fast zum Musical. Das Hauptlied der Räuber besteht aus einer einfachen Melodie (SO, SO, LA, LA, SO, MI), die sich immer wiederholt, die letzte Zeile jeder Strophe wird gesprochen.

Musik

Da die Tiere ja Musikanten werden wollen, lernen die Kinder einige Instrumente kennen: Im Singsaal des Schulhauses wird das Klavier ausprobiert. Musik wird ab Kassette gehört, sei diese nun von der Kindergärtnerin ausgewählt oder von den Kindern mitgebracht. Im Kindergarten wird mit dem Orff-Instrumentarium eine Musikecke eingerichtet; ein Ort, wo die Kinder im Freispiel musizieren können.

Konzert spielen
Auf einem Bild sind die Instrumente abgebildet, die die Kinder als Musikanten zur Verfügung haben (Triangel, Rasselbüchsen, Schlaghölzer, Tonvögelchen und Mundharmonika).
Ein Kind ist Dirigent oder Dirigentin; es zeigt mit dem Dirigentenstab auf dem Bild, welches

Instrument gerade spielt. Lässt es den Stab über dem ganzen Bild kreisen, spielen alle zusammen. Hält es den Stab in die Höhe, müssen alle still sein; zeigt es nach unten, ist das Konzert fertig.
In einer nächsten Stufe des Spiels ruft das dirigierende Kind die einzelnen Instrumente mit Namen auf. Die Musikanten verstehen jetzt aufgrund des Instrumentennamens, wer jeweils an der Reihe ist.

Dialoge erspielen

Jede Szene wird mit den Kindern auf viele Arten durchgespielt; am Thementisch, mit Fingerpüppchen und mit den Verkleidungsgegenständen erspielen sich die Kinder die Dialoge. Mit Mimik und Gestik stellen sie den langsamen Esel, den hinkenden Hund, die wilden Räuber dar.

Aufführung für die Eltern

Vor der Aufführung erleben die Kinder gemeinsam die Aufregung und das Lampenfieber.
Die Kindergärtnerin führt als Erzählerin durch die Geschichte. Da die Eltern das Theater durch Verkleidungen, Mimik und Gestik auch ohne deutsche Sprachkenntnisse verstehen, fühlen sie sich nicht ausgeschlossen, sondern sind stolz darauf, ihre Kinder als Schweizerdeutsch sprechende Schauspielerinnen und Schauspieler bewundern zu können.

Räuberlied

Huua huua huua hau
Böösi Räuber simmer
Böösi Räuberinne au
Und mached grad eso ...
(Faxen schneiden)

Huua huua huua hau
Ä Pischtole hämmer
Ä Pischtole hämmer
Und die macht grad eso ...
(Päng, päng, päng)

Huua huua huua hau
Und es Mässer hämmer
Und es Mässer hämmer
Und mit dem mached mer eso ...
(Schneidegebärde)

Huua huua huua hau
Ali Lüüt händ Angscht vor öis
Ali Lüüt händ Angscht vor öis
Wänns öis gseend, gseends eso us ...
(angsterfüllte Blicke, zittern)

Gält, Gält, Schtückli
Ales Gält, das schtäled mir
Ales Gält, das schtäled mir
Und das gaat eso ...
(Geld raffen, hinter dem Rücken verstecken und in die Taschen stecken)

Ruth Morf-Keller

Zirkus: Die dumme Augustine im Kindergarten

Das Thema Zirkus eignet sich ganz besonders als Unterrichtseinheit, weil mit und ohne Sprache gearbeitet und erlebt werden kann. Wie kaum in einem andern Thema hängen Sprache, Bewegung und Handlung eng zusammen. Im Zirkus werden Leute mit den verschiedensten Fähigkeiten gebraucht, es müssen nicht alle gleich sein. Jede Besonderheit ist ein Pluspunkt. Meist ist zudem eine richtige Zirkuscrew international zusammengesetzt. Tiger können auch auf Spanisch gebändigt werden, Seiltänzer und Seiltänzerinnen können sich auch auf Albanisch für den Applaus bedanken.

Viele Kinder haben schon Zirkusvorstellungen – zumindest im Fernsehen – gesehen. Die meisten Eltern fremdsprachiger Kinder kennen den Zirkus aus in ihren Herkunftsländern. In Sri Lanka heisst der Zirkus sogar gleich; es werden aber vorwiegend Tiernummern, insbesondere mit Löwen gezeigt.

Als Grundlage für eine Unterrichtseinheit «Zirkus» kann das Bilderbuch «Die dumme Augustine» (Otfried Preussler/Herbert Lentz, K. Thienemanns Verlag) dienen. Das Bilderbuch wird auch von fremdsprachigen Kindern gut verstanden.

Das Thema kann neben der Ebene des Spielens und Erlebens verschiedene Zielsetzungen anstreben:

- die Beweglichkeit der Kinder, die alle in engen Wohnverhältnissen aufwachsen, fördern
- durch gemeinsame Spiele den Zusammenhalt unter den Kindern verbessern
- das Selbstwertgefühl unterstützen, indem verschiedene Muttersprachen zum Zuge kommen (etwa bei Zaubersprüchen, bei Befehlen der Dompteure und Dompteurinnen)
- sprachfördernde Übungen (Dressur der Tiger mit vielen Übungen zu Adverbien des Ortes: dahin, dorthin, links, rechts)

Clownnummern

Mit schäbigen, alten Kleidern, Jacken, Hosenträgern, Hüten, Schuhen ab Nummer 39, in welche die Kinder mit ihren Hausschuhen hineinschlüpfen können, sind Kinder schnell als Clowns verkleidet. In dieser Aufmachung traut sich manches auch sprachlich mehr zu. Beim Ausrufen der Kostüme werden die Kleidungsstücke benannt. Es entstehen selbst Gespräche darüber, welche Väter und Grossväter Hosenträger tragen, welche Mütter und Grossmütter auf Hüte stehen.

1. Clownnummer:
Eine Clownfrau spielt wunderschön Mundharmonika. Eine zweite stört mit lauten Cinellen. Die erste schimpft und vertreibt mit ihrem Schimpfen die störende Cinellenspielerin aus der Arena. Die Schweizer Kinder können mit Vorschlägen für Schimpfwörter eine grosse Hilfe sein. Sie lernen dabei, welche Schimpfwörter für Zirkusclowns salonfähig sind.

2. Clownnummer
Mit einem grossen Besen wischt der Clown die Arena, der Papierkorb steht daneben. Ein zweiter Clown macht Faxen, stolpert dabei über den Besen. Der erste Clown wird wütend und stülpt dem zweiten den Papierkorb über den Kopf. Diese Nummer können auch jene Kinder spielen, die sich noch nicht zu sprechen getrauen.

3. Clownnummer
Eine Clownfrau stolpert über einen kleinen Stuhl. Wie sie aufstehen will, bleibt der Hosenträger an der Lehne hängen, der Stuhl schäppert hinter der davonhinkenden Clownfrau her.

Der Beginn der Nummern wird durch einen Gongschlag angezeigt, das Ende bestimmt die Kindergärtnerin mit Applaus.

Hörspiel: Augustines Tagesablauf

Die Kindergärtnerin erstellt ein Tonband zum Tagesablauf der Augustine und ihrer Familie: Weckerläuten, Frühstücks- und Haushaltgeräusche, Besuche empfangen, weinendes Kind, Gute-Nacht-Kuss, WC-Spülung, Staubsaugen, Geschirrgeklapper, Telefon, Türglocke. Dazu werden Dialoge gesprochen. Die Kinder hören die Aufnahme, identifizieren die Geräusche und suchen die entsprechenden Bilder im Bilderbuch. Darauf mimen sie zu den Geräuschen die passenden Tätigkeiten, dabei werden das Gehör und das Vorstellungsvermögen geschult.

Spiel: Das verletzte Kind

Augustine sitzt auf einem Stuhl in der Kreismitte. Ihr Kind tanzt zum Flötenspiel der Kindergärtnerin um die Mutter herum. Wenn die Flöte aufhört zu spielen, stürzt das Kind zu Boden und hinkt heulend zur Mutter. Diese fragt: «Wo tut es weh?» Das Kind jammert: «Am Knie,» – «am Kopf,» – «am Arm» und alle Kinder singen: «Heile heile Säge…». Das Kind erhält ein Pflaster auf die verletzte Stelle und drei Haselnüsse zum Trost.

Chinesen mit Chinesentellern

Chinesenteller werden auf einem aufrechten Stab balanciert und in Drehung gebracht. Die geeigneten Plastikteller sind im Spielwarengeschäft erhältlich. Allerdings braucht es für das Spiel mit «Profitellern» ziemlich viel Geschicklichkeit.
Einfacher zu handhaben sind selbst hergestellte Chinesenteller. Es braucht dazu einen runden Karton (Durchmesser 15 cm) und einen Kartonstreifen (Breite 4 cm). Der runde Karton wird bunt bemalt. Der Kartonstreifen wird eingeschnitten und auf die untere Seite des Kartontellers geklebt. Die Rundstäbe (Durchmesser 5 mm, Länge 60 cm), sind in Bastelgeschäften erhältlich.

Spielvarianten mit dem Chinesenteller:
- Teller drehen, ohne dass der Teller davonfliegt
- Teller drehen, dazu im Raum umhergehen
- Teller drehen, in die Knie gehen
- Teller drehen, über ein Hindernis steigen
- Für ganz geschickte Kinder: In jeder Hand einen Teller drehen.

Chinesenteller herstellen

Chinesenteller balancieren

Zauberbilder herstellen

Zauberbild

Für die Zaubernummer wird ein Zauberbild hergestellt: Zwei gleiche Quadrate werden so gefaltet, dass je neun Flächen entstehen. In beiden mittleren Quadraten wird ein Rand gezeichnet, innerhalb dieses Randes werden die kleinen Quadrate ausgeschnitten. Auf vier Vierecke wird je ein Bild gezeichnet, hinten und vorne genau gleich. Nun werden die beiden Quadrate auf der Rückseite zusammengeklebt.

Jetzt kann eines der Bildchen in den kleinen Rahmen gezaubert werden. Dabei können die Zuschauer wünschen, welches Bild im Rahmen erscheinen soll.

Zirkus im Freispiel

Während der Zirkuszeit wird meist der ganze Kindergarten zur Zirkuswelt. Der «Kreis» wird zur Arena für Zirkusnummern. Hier trifft sich auch die Zirkusschule, in der Augustines Kinder trainieren.

Tische werden zu einem grossen Spieltisch zusammengeschoben, auf dem aus Bauklötzen die Zuschauertribüne gebaut wird. Aus Kartonschachteln werden Wohnwagen konstruiert.

Die Pupppenecke dient als Zirkuswagen, wo die Zirkusleute wohnen, kochen und schlafen können.

Hilfe brauchen die Kinder meist erst, wenn eine Seiltanznummer auf dem Programm steht oder wenn die Arena als Stoffzelt ausgebaut werden soll.

Während der Zirkuszeit gibt es einen Schminktisch, der allerdings gut eingeführt werden muss, damit es nicht überall ein Geschmiere gibt. Hier können sich die Zirkusartistinnen und -artisten für ihre Rolle schminken – fällt es doch manchem Kind leichter, hinter einer Maske frei zu werden für das Spiel.

In der Bücherecke liegen Zirkus- und Tierbücher aus der Bibliothek auf.

Zauberbild zeigen

88

Zirkus: Augustine auch im Mundartunterricht

Die Geschichte der sich emanzipierenden dummen Augustine ist auch geeignet für den Mundartunterricht.
In einem grossen Putzeimer finden sich all die Haushaltutensilien wieder, die im Bilderbuch vorkommen. Die Kinder benennen diese und arbeiten damit. Mit einem Reisebügeleisen werden Hemden, Geschirrtuch und Blusen gebügelt. Darauf werden die verschiedenen Arbeitsgänge einer Hausfrau auf ein Blatt gezeichnet; dies gibt die Möglichkeit, die Begriffe zu repetieren und weiter zu differenzieren.

Raubtiernummer darf nicht fehlen

Im Zirkus der dummen Augustine gibt es den Löwen, der im Käfig auf seinen Auftritt wartet. Rasch entsteht der Wunsch nach einer Tiernummer. Mit einem einfachen Löwenkostüm – sei es nun aus der Fastnachtstruhe oder selbst genäht – mit mächtiger Wollmähne, mit vielfältig verwendbarem Zylinder, einem Stab sowie einigen Stühlen und Reifen entsteht handkehrum eine Tiernummer.
Tiere können nicht sprechen, aber sie müssen die Zeichen des Dompteurs verstehen. Die Kinder müssen diese Zeichen und die entsprechenden Bewegungsabläufe miteinander vereinbaren.

Mit Putzeimer und Geschirrtuch

Wie sehr Kinder die Situationen eins zu eins durchspielen wollen, wurde deutlich an jenem Bub aus Griechenland, der das Tuch richtig in die Hand nahm, im Kindergarten nach einem Teller suchte, diesen tüchtig unter Wasser hielt und anschliessend abtrocknete.
Befriedigt stellte er fest: «So jetzt hani au das gmacht». Mit «das» meinte er Abtrocknen. Resigniert stellte er fest, dass er «das» zu Hause nie dürfe, die Mutter wolle es selber machen.

«Wenn der Stab oben ist, musst du aufstehen, absitzen, die Pfoten heben, springen». Hier werden gleich zwei wichtige Möglichkeiten zur Verbesserung der Sprache geschaffen: Die Kinder lernen Begriffe und Verben sowie deren adverbiale Beziehungen: auf dem Seil gehen, auf dem Stuhl stehen, durch den Reifen springen. Kinder, die bereits recht gut Deutsch sprechen, kombinieren die Begriffe rasch mit der Aktivität, die andern können die Raubtiernummer nützen, um sich mit Zeichen verständlich zu machen.
Zirkus ist aber erst richtig spannend, wenn die Kunststücke auch vor Publikum gezeigt werden können. Die Mundartgruppe will für ihre Kindergartenklassen eine Mini-Zirkusaufführung vorbereiten. Die Requisiten müssen bereit gestellt werden: Bälle, Reifen, Seil, Stecken, Zylinder, Mikrofon. Es braucht Billette und schliesslich ein Plakat, das in der Garderobe aufgehängt wird.
Natürlich darf bei der Vorstellung originale Zirkusmusik nicht fehlen. Sie macht aus scheuen, hilflosen Kindern häufig kleine Artisten mit guten Ideen.

Zirkus Zottelbär tritt auf

Dumi, der kleine Inder, der so lange nicht sprechen wollte, kaum an Spielen teilnahm und auch im Kindergarten zu den ruhigen, stillen Kindern gehörte, setzte sich den alten Zylinder auf den Kopf. Ganz ungeheissen rief er mit lauter Stimme: «Meine Damen und Härrren, jetz Zirkos Zottelbär». Mit seinem Zylinder verlor er alle Hemmungen, und als er gar ins Löwengewand stieg, strahlte er vor Freude und Stolz.

Der Nikolaus kommt

Der Nikolaus kommt jedes Jahr und wird auch jedes Jahr zu einem wichtigen Thema im Kindergarten. Mit Zeichnungen, Versen, Nikolausspielen und Geschichten bereiten sich die Kindergärten auf den grossen Tag vor, an dem der Nikolaus wirklich kommt.

Für viele fremdsprachige Familien bedeutet der Nikolaus eine typisch schweizerische Figur, ein Teil unseres Brauchtums, dem sie oft positiv gegenüberstehen und an dem sie gerne teilnehmen.

Mit dem Thema Nikolaus kann spielerisch Deutsch gelernt werden.

Nikolaus in der Puppenecke

In der Vorweihnachtszeit wird in der Puppenecke viel «gekläuselt». Im Nikolausgewand besuchen sich die Kinder gegenseitig. Nikolaus erzählt vom Waldhäuschen und vom Esel. Dialoge werden geführt, Sprüche aufgesagt. Es zeigt sich dabei, dass das Spiel je nach Nationalität der mitspielenden Kinder einen spezifischen Verlauf nehmen kann. Beispielsweise bringen spanische Kinder als Nikolaus die Geschenke erst, wenn alle Kinder und Bären in der Puppenecke schlafen. Sie schleichen sich dann leise zu den Betten und stecken Geschenke in die Schuhe. Ein holländisches Mädchen baut sich als Nikolaus ein Schiff aus Stühlen, mit dem es die Leckereien bringt. Kinder aus Sri Lanka bedanken sich herzlich beim Nikolaus, und die schweizerischen Kinder sagen bekanntlicherweise ihren Vers auf.

Nikolaus aus Karton

Die Kinder zeichnen eine Nikolausfigur auf Halbkarton und schneiden sie aus. Ebenfalls auf Halbkarton werden die Stiefel gezeichnet, allerdings braucht es vier Stiefel, die wie ein Windrad angeordnet sind.

Mit einer Musterklammer werden die Stiefel im Mantelsaum befestigt; jetzt kann der Nikolaus seine Beine bewegen beim Gehen.

Füsse mit Musterklammer festmachen am Mantelsaum...

...jetzt kann er richtig gehen mit dem schweren Sack

Samichlaus, was häsch im Sack?

Das Spiel entstand nach der Idee einer Winterthurer Mundartlehrerin.

Regel
Für das Spiel braucht es einige Haselnüsse, Mandeln, Erdnüsse und einen Nikolaussack mit Süssigkeiten. Jedes Kind bekommt eine Spielfigur. Es wird der Reihe nach gewürfelt. Die Spielfigur steigt beim Pfeil ein und darf so weit gehen, wie der Würfel anzeigt. Das Kind sagt,

Samichlausspiel

auf welches Bild seine Spielfigur gekommen ist: «Em Samichlaus sini Schtifel», «Em Samichlaus sini Chappe».
Wenn die Spielfigur auf den Sack zu stehen kommt, darf sich das Kind etwas aus dem Sack nehmen, wer zu den Erdnüssen, den Mandeln oder den Halselnüssen kommt, bekommt eine Erdnuss, Mandel oder Haselnuss.

Nikolausgeschichte nacherzählen

Zusammengestellt von zwei Kindergärtnerinnen, die mit ausgesprochen vielen fremdsprachigen Kindern arbeiten. *(Siehe Illustrationen nächste Seite von Ruth Morf-Keller)*
An verschiedenen aufeinander folgenden Tagen wird zu Bildern eine Geschichte erzählt.
Die Kindergärtnerin verwendet dabei immer wieder die gleichen Sätze und viele direkte Reden.
Die Wörter, Gegenstände und Tätigkeiten, die in der Geschichte vorkommen, werden gezeigt, gespielt, die Gefühle besprochen.
Am Thementisch wird die Geschichte nachgespielt, die Kinder suchen die entsprechenden Bilder.
Die Geschichte wird als Rollenspiel aufgenommen. Meistens brauchen die Kinder dabei die gleichen Sätze und Ausdrücke. Sie lernen aufeinander zu hören und merken, wann sie ihren Teil spielen und sagen können.

Nacherzählen
Mit den älteren Kindern wird die Geschichte in der Halbklasse nacherzählt. Jedes Kind wählt eines der Bilder aus und erzählt seinen Teil der Geschichte.
Während des Freispiels können einzelne Kinder die ganze Geschichte anhand der Bilder erzählen. Sie kann auch ohne Bilder erzählt werden, sei es nun beim Znüniessen, im Bus oder auf einem Spaziergang.

1
2
3
4
5
6
7
8

Liebe/böse Hexe

Das Thema Hexe ist in den Kindergärten sehr beliebt – sei es nun zur Fastnachts- oder Walpurgisnachtzeit.

Eine Hexe ist, wenn...
Was ist eine Hexe? In einem Gespräch versuchen die Fortgeschrittenen der Mundartgruppe, eine Hexe zu beschreiben. Wenn der Wortschatz zu klein ist, zeichnen die Kinder eine Hexe, gemeinsam versuchen sie herauszufinden, wie sie aussehen könnte. Furchterregende Grimassen ersetzen fehlende Worte. Die Kinder machen vor, wie eine Hexe schlurft oder auf dem Besen reitet. Hexenerlebnisse aus der Fastnachtszeit oder aus einem Märchen kommen zur Sprache.
Eine Kasperli- oder Marionettenhexe kann den Kindern jede Angst nehmen. Oft spielen sie mit Begeisterung allerböseste Hexengeschichten.

Kinder diktieren, was zur Hexe gehört
– krumme Beine
– Rock und Schürze, Kopftuch
– Socken mit schwarzen Streifen
– nur ein bisschen schön
– hat schwarzen Fuchs und Krähe
– zerzauste, gelbe Haare
– lange Fingernägel
– wenig Zähne
– Rücken krumm
– kann böse Sachen zaubern
– kann fliegen

Gut, dass Hexen auch anders sein können. Die Geschichte von der winzig kleinen Hexe Irma mit den riesengrossen Füssen zieht die Kinder sofort in ihren Bann. (Ingrid und Dieter Schubert: «Irma hat so grosse Füsse». Verlag Sauerländer, Aarau). Die Geschichte erzählt von einer kleinen Hexe: Sie ist nur gerade so gross wie eine Zahnbürste. Lore findet sie eines Morgens, als sie die Zähne putzen will, zwischen Zahnbecher und Haarspray.

Die Hexe Irma im Badezimmer

Sinnesspiele mit Badezimmerutensilien wie Duschmittel, Shampoo, Seife, Zahnbürste, Zahnpasta, Handtuch, Kamm, Bürste, Fön, aber auch Haargel und natürlich Lippenstift und Nagellack eignen sich ausgezeichnet zur Erweiterung des Wortschatzes. Es wird alles ausgebreitet, man riecht daran, man spürt, wie es sich anfasst. Mit verbundenen Augen versuchen die Kinder zu erraten, was sie in den Händen halten. Sie erzählen, wozu sie Handtuch, Fön oder Kamm brauchen. Es kann ein Verkaufsspiel entstehen, bei dem Rasierpinsel, Kamm, Wickler und Waschlappen gekauft werden.
Im Badezimmer werden typische Bewegungen gemacht wie Kämmen, Händewaschen, Zähneputzen. Ein Kind macht die Bewegung vor, die andern versuchen, die Handlung zu erraten.

Collage vom Hexenschuh

Lore malt der Hexe Irma die Schuhe prächtig an. Auf einem Halbkarton skizzieren die Kinder einen «Irmastiefel», schneiden ihn aus, bemalen und bekleben ihn. Pailletten, Federn, Filzstifte, Silber- und Goldstifte, Papierschlangen und bunte Bänder stehen zur Verfügung. Beim Dekorieren ergeben sich viele Plaudereien. Die Kinder lernen Begriffe wie kleben, schneiden, malen, Schere, Leim sowie alle Dekorationsmaterialien kennen.
Auf einem grossen festen Papier (mindestens A3) gestalten die Kinder als Gruppenarbeit eine Collage, die Irma mit ihren grünen Haaren zei-

Hexenschuh

gen soll. Vorgängig werden alle Gegenstände bezeichnet. In einer grossen Schachtel sind viele Stoffresten, deren Muster und Farben erkannt und beschrieben werden.

Der Hexenbrief

Irma, die kleine Hexe, schickt ihrer neuen Freundin einen Brief – natürlich mit Geheimzeichen. Das Entziffern ist spannend und anregend. Die Kinder können mit ganz einfachen Symbolen Briefe schreiben. Dies macht vor allem denjenigen Spass, die schon bald in die Schule eintreten.

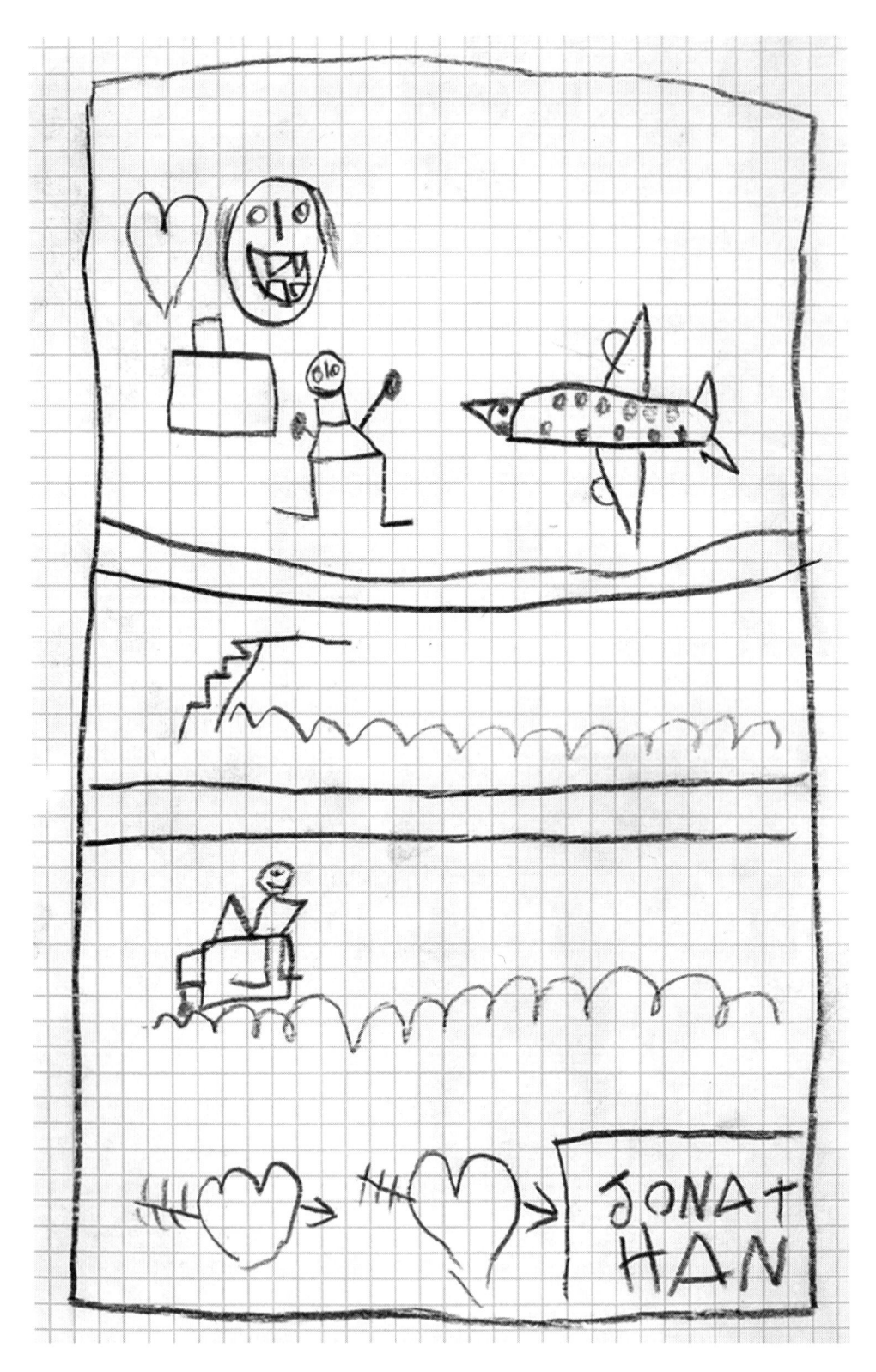

Hexenbrief: Jonathan schreibt seinem Vater, dass er allein mit dem Flugzeug zu ihm in die Ferien komme und dort ins Schwimmbad möchte.

Irmazauberlied

Die kleine Hexe Irma kann zaubern. – Zauberspiele mit einem Zauberstab sind also angesagt, um Utensilien aus der Geschichte verschwinden zu lassen. Zauberspiele aus dem Zauberkasten faszinieren die Kinder. Höhepunkt ist natürlich, wenn die Kindergärtnerin einen Zaubertrick vorführt oder wenn die Kinder selber einen Trick lernen können.

Häxezauber
Grasgrüens Haar so mues es si
Häxezauber hi hi hi.
Kraxa-paxa-baderax,
Munkel tunkel firlefax,
Schwarzi Wulche, Blitz und Tunner,
Zaubervers du machsch mir Chummer.
Zauberwörter us mim Buech,
Has vergässe, s isch en Fluech!
Hilfe, nei es git en Ruck,
D Füess sind gwachse um es Stuck.

Echte Angst vor der Hexe

Der scheue Junge aus dem ehemaligen Jugoslawien versucht uns seine schreckliche Angst zu schildern, die er am Fastnachtsumzug vor den Hexen hatte. Ihm fehlten die Worte, aber mit schnalzenden Zungenlauten, mit Kreischen und fürchterlichen Grimassen konnte er allen klar machen, dass ihn eine Fastnachtshexe hoch in die Luft gehoben und davongetragen hatte. Die Angst, die er dabei ausgestanden hatte, konnten wir deutlich an seinem Gesicht ablesen.

Gras-grüens Haar, so mues es sii, Hä-xe-zau-ber hi hi hii. Kra-xa-pa-xa-ba-de-rax, mun-kel-tun-kel-fir-le-fax, schwar-zi Wul-che, Blitz und Tun-ner, Zau-ber-vers du machsch mer Chum-mer. Zau-ber-wör-ter uus mim Buech, has ver-gäs-se, s'isch en Fluech! Hil-fe nei es git en Ruck, d'Füess sind gwach-se um es Stuck.

R. Bischof

Teil IV
Praxis und Modelle

Deutschsprachige Kinder in der Minderheit

Auch Schweizer Kinder fördern: Chancen nutzen

Der Kindergartenunterricht verändert sich durch die Anwesenheit fremdsprachiger Kinder. Jedes Kind prägt den Kindergarten mit. Kinder aus anderen Ländern und Kulturen tun dies in einem besonderen Mass, indem sie andere Sprachen, Verhaltensregeln und Gewohnheiten mitbringen. In Quartieren mit vielen fremdsprachigen Kindern stellen sich Schweizer Eltern oft die Frage, ob ihr Kind, insbesondere im Hinblick auf die sprachliche Entwicklung im Kindergarten nicht zu kurz komme.

Fremdsprachige Kinder bringen für den Unterricht Vor- und Nachteile. Die Kindergärtnerin muss diese kennen, um nach Möglichkeiten zu suchen, wie Vorteile zu nutzen und Nachteile möglichst gering zu halten sind.

Vorteil: Interkulturelle Vielfalt und Toleranz

Ein wichtiger Vorteil in gemischten Gruppen ist, dass die Kinder vom Kindergartenalter an in einer multikulturell zusammengesetzten Gruppe aufwachsen. Sie lernen, sich mit Menschen aus anderen Kulturen auseinanderzusetzen. Sie erleben, dass verschiedene Kulturen unterschiedliche Normen und Regeln kennen. Dies ermöglicht ihnen auch, die eigenen Normen als solche zu erkennen und zu hinterfragen. Gleichzeitig wird ihnen die eigene Kultur viel stärker bewusst. Sie können toleranter werden. Von ihren Klassenkameraden sowie bei interkulturellen Themen hören sie von anderen Kulturen; sie lernen einzelne fremde Wörter, finden einen Zugang zu verschiedenen Sprachen. Die Wertschätzung der Kultur ihrer Spielkameraden kann gefördert werden, was dazu beiträgt, Ängste vor Fremdem abzubauen.

Vorteil: Sprachförderung und Erlebnisse

Durch die Existenz verschiedener Sprachen werden die Kinder zu Gedanken und Gesprächen über die eigene Sprache angeregt. Warum heisst das Haus «Haus»?

In Kindergärten mit fremdsprachigen Kindern rückt die Sprachförderung stärker ins Zentrum. Die Kindergärtnerinnen sind gezwungen, einfacher, präziser und deutlicher zu sprechen. Einzelne Wörter werden genau erklärt, Begriffe werden veranschaulicht. Diese Bemühungen kommen auch den deutschsprachigen Kindern zugute.

Es wird weniger auf Gesprächen aufgebaut, sondern hauptsächlich das Erlebnis gefördert. Erlebnisse sind für alle Kinder sehr wichtig.

Nachteil: Mangelnde Sprachvorbilder

In Quartieren mit hohem Ausländeranteil haben die Kinder mit schweizerdeutscher Muttersprache insgesamt wenige Sprachvorbilder in ihrer Mundart. Weder am Sandhaufen im Park, noch beim Spielen mit anderen Kindern oder beim Einkaufen können sie Schweizerdeutsch hören und üben.

Sind im Kindergarten mehr als die Hälfte der Kinder fremdsprachig, können schweizerdeutsche Kinder ihre Muttersprache zu wenig üben und erweitern. Das Sprachvorbild der Kindergärtnerin allein genügt nicht.

**Nachteil:
Kleiner Wortschatz, wenige Gespräche**

Um fremdsprachige Kinder nicht zu verunsichern, verwenden die Kindergärtnerinnen einen kleineren Wortschatz und brauchen immer wieder die gleichen Sätze und Wörter. Da sich nicht alle Kinder an Gesprächen beteiligen können, wird weniger diskutiert. Gespräche und Diskussionen sind aber wichtige Bestandteile der Sprachförderung, die in Kindergärten mit vielen fremdsprachigen Kindern leider oft zu kurz kommen.
Die Kindergärtnerinnen müssen deshalb vermehrt mit kleineren Gruppen arbeiten und sich dabei auch um die sprachliche Entwicklung der deutschsprachigen Kinder kümmern.

**Nachteil:
Die Kindergärtnerin wird stark beansprucht**

Die Kindergärtnerin wird von den fremdsprachigen Kindern sehr beansprucht und hat relativ wenig Zeit für jene Kinder, die schon Deutsch können.
In Kindergärten mit mehreren fremdsprachigen Kindern soll die Gesamtzahl der Kinder deutlich tiefer liegen; es soll auch die Möglichkeit bestehen, die Gruppe zu teilen, damit der Kindergärtnerin Zeit für Gruppenarbeiten und Einzelförderung bleibt. Ihre Arbeit soll durch eine Mundartlehrerin unterstützt werden.
Der Anteil fremdsprachiger Kinder soll aber grundsätzlich nicht mehr als ein Drittel ausmachen. Sind mehr als die Hälfte der Kinder fremdsprachig, muss nach Möglichkeiten gesucht werden, wie die Schweizer Kinder in ihrer Sprache gefördert werden können, beispielsweise durch Mundartunterricht.

**Nachteil:
Keine Geschichten ohne Bilder**

Da die fremdsprachigen Kinder stark auf Bilder angewiesen sind, werden nur selten Geschichten ohne Bilder erzählt. Gerade im Kindergartenalter ist es aber wichtig, dass die Kinder lernen, sich vom Gehörten selber eine Vorstellung zu machen. Dem Geschichtenerzählen kommt deshalb grosse Bedeutung zu. Die Kindergärtnerinnen müssen nach Lösungen suchen, wie sie trotz der fremdsprachigen Kinder auch Geschichten ohne Bilder erzählen können.

**Und trotzdem:
Geschichten ohne Bilder**

Folgende organisatorischen Lösungen sind denkbar, um verschiedenen Ansprüchen gerecht zu werden:
Die Kindergartenklasse kann an einem Halbtag pro Woche so geteilt werden, dass nur die deutschsprachigen Kinder zusammen sind. An einem Halbtag pro Woche können deutsch- und fremdsprachige Kinder getrennt unterrichtet werden.
Die Kindergärtnerin erzählt eine Geschichte ohne Bilder, während die Mundartlehrerin die gleiche Geschichte mit Bildern erzählt.
Es werden kurze Geschichten erzählt. Kinder, die sie nicht verstehen, können in dieser Zeit spielen. In Doppelkindergärten wird gemeinsam je eine Spiel- und eine Geschichtenstunde organisiert.
Die Kindergärtnerin erzählt den fremdsprachigen Kindern die Geschichte im voraus mit einem Bilderbuch (etwa im Mundartunterricht). Daraufhin können sie der Erzählung zum Teil auch ohne Bilder folgen.

**Zusammenarbeit mit
deutschsprachigen Eltern**

Besonders bei Kindergartenklassen mit mehr als zur Hälfte fremdsprachigen Kindern müssen schweizerische Eltern wissen, wie sie ihre Kinder in der Sprachentwicklung unterstützen und fördern können. Es ist wichtig, dass die Eltern die Gespräche mit ihren Kindern ernst nehmen, die Kinder anhören und sich Zeit nehmen für Antworten. Da die Sprachvorbilder im Kindergarten und im Quartier weitgehend fehlen, erhalten die Gespräche am Familientisch einen äusserst hohen Stellenwert. Die Eltern sollen ihren Kindern Geschichten erzählen. Die Kindergärtnerinnen können geeignete Bücher empfehlen, ausleihen und auf Bibliotheken hinweisen.

17 Kinder – und kaum ein Wort Deutsch

Fremdsprachige Kinder in der Mehrheit – Bericht einer Kindergärtnerin

Mein Kindergarten befindet sich mitten in einem traditionellen Arbeiterquartier, in dem sich die Population innert weniger Jahre sehr verändert hat. Stammte vor fünf Jahren noch der grösste Anteil der Kinder aus Italien, so sind die Klassen heute sehr international zusammengesetzt.
Von den 15 bis 19 Kindern einer Klasse waren in den letzten Jahren jeweils höchstens ein oder zwei Schweizer Kinder. Die vielen Wechsel während des Schuljahres erschweren die Gruppenbildung.

Der Kindergarten verändert sich

Wenn die gemeinsame Unterrichtssprache wegfällt, verändert sich der Unterricht völlig. Während bei einer starken Gruppe von Schweizerdeutsch sprechenden Kindern ein Spiel oder eine Anordnung schnell verstanden wird, so dass die fremdsprachigen Kinder nachahmen und kopieren können, muss jetzt jedes Detail des Unterrichts genau erklärt, vereinfacht und vorgezeigt werden. Dies macht den Unterricht langsamer, vielleicht auch schwerfälliger.
Sind die fremdsprachigen Kinder in der Mehrzahl, haben alle eine zum Teil ähnliche Situation. Keines braucht sich seiner fremden Muttersprache oder der andersartigen Normen zu schämen. Innerhalb des Kindergartens wird keines der Kinder zum Aussenseiter.
Fremdsprachige haben bis zum Kindergarteneintritt oft ganz andere Erfahrungen gemacht als die Schweizer Kinder. Es kann im Kindergarten nicht auf Erfahrungen aufgebaut werden. Um die Kinder nicht zu übergehen, muss ich mich bei jedem darum bemühen, einen Einblick in seine Lebenssituation zu erhalten. Das ist aufwendig, aber spannend. Ich versuche immer wieder kulturelle Einflüsse aus den Familien aufzunehmen. Das ist auch für die Schweizer Kinder wichtig, da sie in diesem Stadtteil immer mit fremdsprachigen Kindern zusammen sein werden. Gewisse Themen, die in vielen Kindergärten üblich sind, finden bei meinen Kindern keinen Anklang, weil sie zu weit von deren Lebensrealität entfernt sind.

Neue Schwerpunkte in der Arbeit

Fremdsprachige Kinder reagieren häufig anders als Schweizer Kinder, da sie nicht die gleichen Erfahrungen mitbringen. Ich muss mich dauernd auf neue, unbekannte Situationen einstellen, auf Ungewohntes reagieren.

Einige typische Merkmale:

- Es kommt vor, dass fremdsprachige Kinder Spielsachen nicht kennen, die jedem Schweizer Kind selbstverständlich sind. Spieleinführungen und -anregungen sind deshalb wichtig.

Wald- und Stadtzwerge

Ich wollte den Kindern von den Waldzwergen erzählen, diese zum Thema machen. Trotz viel liebvollem Drum und Dan wurden sie davon nicht gepackt.
Dann wechselte ich zu den «Verwandten», zu den Zwergen, die in den Stadthäusern zwischen den Mauern wohnen. Die Kinder waren sofort dabei.

- Der Kontakt zwischen Kindergärtnerin und Kindern, sowie unter den Kindern ist anfänglich kaum über die Sprache möglich. Kontakt muss mit Gesten, Mimik, Spielen und Körper aufgebaut werden.
- Ohne gemeinsame Sprache können Konflikte nicht verbal ausgetragen werden; trotzdem sollen nicht Prügeleien zum Lösungsmuster werden. Es gelten strenge Regeln und es braucht viel Zeit, um Konfliktlösungen zu finden.
- Manchmal wird es erst gegen Ende des Schuljahres möglich, längere Gespräche zu führen, über Gefühle zu reden oder mit den Kindern Fantasiegeschichten auszudenken.
- Mit vielen fremdsprachigen Kindern, richten sich die Hauptaktivitäten immer wieder auf die Sprachförderung. Manchmal werden dadurch die andern Bereiche der Kindergartenarbeit fast vernachlässigt.
- Wenn kaum Schweizerdeutsch gesprochen wird unter den Kindern fehlen ganz allgemein die Sprachvorbilder. Ich muss daher selber sehr viel reden.
- Oft entstehen Missverständnisse, weil Mitteilungen und Anweisungen falsch verstanden werden – mit den entsprechenden Konsequenzen! Das kann für beide Seiten mühsam und schwierig sein. Wir suchen dann immer wieder nach Möglichkeiten, wie wir Missverständnisse vermeiden oder aber darüber lachen können.
- Der Tagesablauf ist gekennzeichnet durch kurze gemeinsame Aktivitäten, viele Gruppenarbeiten sowie Einzelförderung.
- Ich zeige Bilderbücher und Bildergeschichten. Geschichten ohne Bilder erzähle ich jenen Kindern, die schon gut Schweizerdeutsch verstehen.
- Die Zusammenarbeit mit fremdsprachigen Eltern ist anders als mit Schweizer Eltern. Man kann sich nicht mit ein paar Worten verständigen, sondern muss auch hier mit Mimik und Gestik eine gemeinsame Ebene suchen.

Die erste Kindergartenzeit

Der Kindergarten muss so eingerichtet und organisiert sein, dass der Unterricht anfänglich fast ohne Sprache auskommt. Die Spielorte sind übersichtlich, mit wenig Material ausgestattet und gut aufräumbar. Die Kinder lernen, dass mit einem Material nur an einem bestimmten Ort gespielt oder gewerkt wird.

In der ersten Zeit liegt einfaches Spielmaterial bereit, bei dem die Kinder schnell merken, wie sie damit spielen können. Es gibt auch Spielmaterial, das sich eigentlich an kleinere Kinder richtet, Holzbecher etwa, die ineinander gesteckt oder zu Türmen aufgebaut werden können. Vielen Kindern sind diese Spiele unbekannt. Sie üben daran die Geschicklichkeit und das Erkennen verschiedener Grössen.

Die Kinder haben anfänglich wenig Material, damit sie nicht überfordert werden. Später wird ergänzt, wenn die Kinder eine Erweiterung brauchen.

Schrittweise werden die einzelnen Spielorte eingeführt. Dabei erhalten die Kinder Anregungen für das Spiel, sie tragen eigene Ideen dazu bei. Sie nehmen den Wortschatz auf und lernen gleichzeitig, wie der Spielplatz aufgeräumt werden muss.

Die Kinder wählen ihren Spielort selber. Ich lasse ein Kind auch gewähren, wenn es mehrere Wochen am gleichen Ort spielen will, weil ihm dieser Ort Sicherheit gibt. Ist ein Kind von einer Tätigkeit begeistert, kann es damit auch über längere Zeit wichtige (Lern-)Erfahrungen machen und das Spiel selbständig erweitern.

Es gibt immer Kinder, die zuerst lange herumgehen und den andern zuschauen, ohne selber aktiv zu werden. Mit der Zeit versuche ich, sie zum Mitspielen zu motivieren.

Anfänglich wechseln die Kinder ihre Spielorte häufig, weil sie noch nicht wissen, wie sie sich in einem Spiel vertiefen können, oder weil sie gerne überall spielen möchten. Unruhige Kinder begleite ich ab und zu an einen Spielort und stelle ihnen dort eine Aufgabe.

Anfangs Kindergartenjahr halte ich die geführten Aktivitäten mit der ganzen Klasse (Lektionen) sehr kurz und sorge für viel Bewegung und rhythmische Elemente. Der Schwerpunkt liegt aber bei der Leitung des Freispiels, um die Kinder einzeln oder in kleinen Gruppen zu fördern, zu beobachten, zu unterstützen oder einfach mit ihnen zu spielen. In der kleinen Gruppe lernen die Kinder Handfertigkeiten wie schneiden mit der Schere, zeichnen mit Farbstiften und kleben mit dem Leimstift.

Am Anfang des Schuljahres wiederholt sich der Tagesablauf täglich, daran orientieren sich die

Kinder. Sie können ja noch nicht fragen, ob es noch lange dauert, bis der Vater sie abholen komme.

Manchmal zeigen die Kinder am Ende des Halbtags die im Freispiel geschaffenen Werke und Zeichnungen oder das aus Lego gebaute Flugzeug vor. Wir gehen auch zur Holzeisenbahn oder zur Bauecke und schauen die dort entstandenen Bauten an. Auf diese Weise können die Kinder voneinander lernen.

Es braucht viel Zeit, um die Kinder zu beobachten. Beispielsweise fällt erst bei längerem Beobachten auf, dass ein Kind von einem anderen fast unmerklich geärgert und gestört wird oder, dass ein Kind beim Spielen nicht zurecht kommt. Es fehlt den Kindern die Möglichkeit, bei mir zu klagen oder zu fragen. Einzelne Kinder mögen es, wenn sie merken, dass ich ihr Spiel beobachte, bei anderen schaue ich eher unauffällig zu.

Heute geht es los

Am ersten Kindergartentag bringen die Eltern ihre Kinder. Bei manchen sind kleinere Geschwister dabei.

Ich richte zwei Stuhlkreise, einen inneren für die Kinder, einen äusseren für die Eltern ein. Jedes Jahr gibt es Mütter, die ihre Kinder nur schnell vorbeibringen, weil sie selber gleich zur Arbeit gehen müssen. Diese Kinder setze ich neben mich. Bis alle Kinder und Eltern da sind, beginnen die grossen Kinder ein Spiel. Die neuen schauen dabei zu.

Ich teile den Kindern vorbereitete Namensschildchen aus und verifiziere mit den Eltern, wie die Namen auszusprechen sind. Es ist sehr wichtig, die Namen der Kinder schnell zu kennen und sie richtig auszusprechen.

Die Grossen singen das Morgenlied, bei dem «Guten Morgen» in verschiedenen Sprachen gesungen wird. Ich bitte die Eltern, uns «Guten Morgen» auch in ihren Sprachen zu lehren, um unser Lied zu ergänzen. So merken die Eltern, dass ihre Sprache hier akzeptiert wird.

Mit zwei Handpuppenbären spiele ich ein kleines Theater vor: Der eine Bär ist übermütig, laut und fröhlich, der andere ängstlich und scheu. Die Stoffbären zeigen den Kindern ein erstes Spiel mit einer Holzkugel, die sie sich zuerst gegenseitig, dann den Kindern zurollen, kreuz und quer durch den Kreis. Dazu werden die Namen der Kinder genannt. Viele Kinder bleiben am ersten Tag lieber auf ihrem Stuhl sitzen, als sich im Kreis vor allen zu exponieren.

Dann verteile ich den Kindern Zeichnungsblätter und führe sie zum Zeichnen an die verschiedenen Tische, wo Farbstifte und Filzstifte bereitliegen. Während die Kinder zeichnen, erkläre ich den Eltern die wichtigsten Regeln und was die Kinder für den Kindergarten brauchen. Alle Dinge werden vorgezeigt: Turnschuhe und Turnsack, ein Apfel, eine Karotte, ein Pausenbrot. Ich informiere über den ersten Elternabend in vier Wochen. Die Eltern besprechen mit ihren Kindern, ob sie gehen oder bleiben sollen. Meistens brechen sie auf und ich setze mich zu den Kindern.

Babylon in Winterthur – Kindergärtnerinnenalltag

Erfahrungen in Winterthurer Kindergärten

Es gibt – wie in Basel, Zürich, Bern – in vielen Ortschaften Quartiere mit einem hohen Anteil an ausländischer Bevölkerung. In Winterthur verzeichnen Kindergärten bis zu 75 Prozent fremdsprachige Kinder. In einem Arbeitskreis wurden acht Kindergärtnerinnen über ihre Erfahrungen im Umgang mit stark sprachgemischten Kindergartenklassen befragt.

Bei den Befragten beträgt der Anteil an fremdsprachigen Kindergartenkindern zwischen 40 und 75 Prozent. Sie stammen vorwiegend aus der Türkei, aus dem ehemaligen Jugoslawien, aus Italien und vereinzelt aus dem asiatischen Raum oder aus Brasilien.

Erste Kontakte zu den Eltern

Einige Kindergärtnerinnen laden die neuen Eltern vor Beginn des Kindergartenjahres zu einem Elternabend ein, andere lernen diese am ersten Kindergartentag kennen.

Mit schriftlichen Informationen wurden schlechte Erfahrungen gemacht. Obwohl in der Regel ein Elternteil Deutsch versteht oder Unterstützung aus dem Bekanntenkreis zur Verfügung stünde, halten sich nicht alle an die Anweisungen. Oft braucht es viele Zettel, ein Telefon und viel Toleranz, bis jedes Kind einen «Finkensack» mitbringt oder die Anfangszeiten einhält.

Die Eltern kommen gerne an Veranstaltungen, an denen sich die Kinder beteiligen: Räbeliechtliumzug, Theateraufführungen oder Kindergeburtstagsfeiern. Es wird versucht, Eltern mit guten Deutschkenntnissen zu einem speziellen Thema einzuladen, damit sie den Kindern aus ihrem Land erzählen. Für Einzelgespräche mit den Eltern braucht es oftmals eine Übersetzungshilfe, damit Informationen auf beiden Seiten verstanden werden können.

Arbeit im Kindergarten

Grundsätzlich bereichern die fremdsprachigen Kinder den Kindergartenalltag. Alle Kinder können von den verschiedenen kulturellen Einflüssen profitieren, vorausgesetzt, die Kinder bringen ihr Wissen auch in den Kindergarten. Die Kindergärtnerinnen sehen in der interkulturellen Erziehung eine Chance und eine Herausforderung. Allerdings erfordert eine Klasse mit vielen Fremdsprachigen viel Toleranz.

Die Inhalte werden oft auf anderem Weg als über die Sprache transportiert. Es müssen alle Sinne aktiviert werden. Die Kindergärtnerinnen bedauern, dass das Geschichtenerzählen zumindest am Anfang zu kurz kommt und sie meistens auf Bilderbücher ausweichen müssen.

Die Gestaltung des Tagesablaufes erfordert sehr viel Flexibilität. In den meisten Kindergärten beginnt der Tag mit dem Freispiel. Die Probleme mit der Pünktlichkeit, die offenbar viele ausländische Familien haben, lassen sich so leichter auffangen. Der Wechsel zwischen geführter Aktivität und Freispiel muss sehr flexibel gestaltet werden. Am Anfang fehlt vielen – natürlich auch den Schweizer Kindern – die Ausdauer.

Die Lektionen oder geführten Aktivitäten müssen kurz und nicht zu stark sprachgebunden sein.

Zum Freispiel

Im Freispiel gibt es tendenziell zwei verschiedene Erfahrungen: Einige Kinder freuen sich am grossen Spielzeugangebot, spielen überall mit, ohne sich an einem Ort zu vertiefen. Andere müssen zuerst mit dem Spielmaterial vertraut gemacht werden, brauchen anfänglich viel Unterstützung, da sie nicht gewohnt sind, auf diese Art zu spielen. Etliche bleiben immer am gleichen Spielort, wählen stets dasselbe Spiel; sie brauchen nach einer gewissen Zeit eine behutsame Unterstützung der Kindergärtnerin, damit sie es wagen, an einem andern Ort zu spielen.

Im Freispiel spielen die gleichsprachigen Kinder meist gemeinsam. Da greifen die Kindergärtnerinnen nicht ein, sondern versuchen, bei gemeinsamen Spielen Interessen für andere Kinder zu wecken. Hauptsache ist, dass die Kinder sich in der neuen Umgebung wohl fühlen. Mit zunehmendem Vertrauen und den abnehmenden Sprachschwierigkeiten suchen sich die Kinder in der Regel auch anderssprachige Spielkameraden.

Die Mundartlehrerin als Entlastung

Alle befragten Kindergärtnerinnen, die in vielsprachigen Klassen unterrichten, sind froh, dass sie für die gezielte Sprachförderung zusätzlich durch eine Mundartlehrerin entlastet werden. Während der Zeit des Mundartunterrichts können sie sich speziell den deutschsprachigen Kindern zuwenden, um deren Sprachentwicklung mit Spielen, Geschichten und Gesprächen zu fördern.

Die meisten fremdsprachigen Kinder gehen sehr gern in den Mundartunterricht. Aber die Kindergärtnerin muss sich Zeit nehmen, um die Kinder nach der Rückkehr aus dem Unterricht anzuhören.

Kindergärtnerin und Mundartlehrerin müssen gut zusammenarbeiten. Es braucht Absprachen über Themen, die sowohl im Mundartunterricht als auch im Kindergarten behandelt werden. Diese inhaltliche Zusammenarbeit wird schwierig, wenn Kinder aus mehreren Klassen zu einer Mundartgruppe zusammengefasst werden.

Die Mehrzahl der Kindergärtnerinnen schätzt es, dass zusätzlich eine zweite Person die Kinder kennt, beobachtet und mit ihnen arbeitet. Die Mundartkindergärtnerin wird oft bei Beurteilungs- und Schulreifefragen beigezogen.

Modell 1: Mundartunterricht als (Zusatz-)Angebot der Kindergärtnerin

Kleingruppe vor oder nach dem Unterricht

Die fremdsprachigen Kinder besuchen in einer kleinen Gruppe zweimal wöchentlich für eine halbe Stunde den Mundartunterricht, der ausserhalb der offiziellen Kindergartenzeit (vor oder nach dem Kindergartenmorgen) von der Kindergärtnerin erteilt wird. Sie hat sich in Kursen, die von den kantonalen Lehrerfortbildungseinrichtungen oder von einzelnen Schulgemeinden organisiert werden, darauf vorbereitet. Sie wird dafür zusätzlich entlöhnt. Die Anzahl Kinder pro Gruppe variiert in verschiedenen Gemeinden. In Kindergärten mit vielen fremdsprachigen Kindern werden mehrere Mundartgruppen gebildet.

Die zwei halbstündigen Mundartlektionen sind eine wichtige Ergänzung zum Kindergarten. Sie genügen den fremdsprachigen Kindern allerdings nicht, um die Zweitsprache gründlich zu lernen. Die Kindergärtnerinnen sind auch bei geführten und freien Aktivitäten des Unterrichts darum bemüht, den Zweitspracherwerb gezielt zu fördern.

	Mo	Di	Mi	Do	Fr
08.00					
08.30					
09.00					
09.30					
10.00					
10.30					
11.00					
11.15–11.45					

Verpasste Chance: Nur ein Jahr Mundartunterricht

Sinnvollerweise besuchen die Kinder den Mundartunterricht während ihrer ganzen Kindergartenzeit. Es gibt aber Gemeinden, in denen der Unterricht erst im zweiten Kindergartenjahr angeboten wird, also nur während eines Jahres besucht werden kann. Dies wird mit der Überforderung der Kinder begründet. Werden im Mundartunterricht auf schulische Art Wörter gelehrt und abgefragt, so trifft das sicher zu. Bei einem ganzheitlichen Lernen allerdings wird den Kindern der Zugang zu Kindergärtnerin und Kindergarten erleichtert. Über das Spiel lernt ein Kind, sich in der neuen Sprache zurecht zu finden. Gerade für die jüngeren Kinder ist es viel schwieriger, sich ohne Deutschkenntnisse an die fremde Frau, die fremden Kinder, die Institution anzupassen.

Es ist eine verpasste Chance, wenn den Kindern im ersten Kindergartenjahr diese Unterstützung nicht zuteil wird.

Zur Arbeit im Mundartunterricht

Im zusätzlichen Mundartunterricht lernen Kindergartenkinder auf ganzheitliche Art Schweizerdeutsch, indem sich die Kinder bei vielen verschiedenen Aktivitäten, wie Werken, Spielen und bei Ausflügen in die neue Sprache hineinleben. Die Kindergärtnerin beobachtet die Sprachentwicklung der Kinder und gibt gezielte Impulse. Sie organisiert Beschäftigungen und Spiele, bei denen die Kinder ihrem Sprachstand angemessene sprachliche Anregungen erhalten. Sie sollen also gezielt üben können; gleichzeitig wird die gesamte Entwicklung der Kinder unterstützt. In den kleinen Gruppen ergeben sich mehr

Sprechgelegenheiten für jedes einzelne Kind. Fragen, Missverständnisse und Konflikte werden geklärt.

• Die Kindergärtnerin übt Techniken und Fähigkeiten, die im Kindergarten, später auch in der Schule, gebraucht werden. Sie trägt damit zur Gesamtentwicklung der Kinder bei.

Vorteile von Modell 1

• Die Kindergärtnerin kann durch die Arbeit mit der kleinen Gruppe den Kontakt zu den Kindern aufbauen. Besonders scheue Kinder oder solche, die durch die fremde Umwelt und Sprache verängstigt sind, brauchen den kleinen Rahmen, um im Kindergarten vertraut zu werden. Erst dadurch entsteht die Bereitschaft, die neue Sprache zu lernen.
• Durch den zusätzlichen Mundartunterricht der Kindergärtnerin wird die Integration in den Kindergarten erleichtert.
• Da die Kindergärtnerin den Mundartunterricht im eigenen Kindergartenraum erteilt, können die aktuellen Spiele und Themen vertieft werden. Der Wortschatz einer Geschichte wird im voraus erarbeitet. Verse, Lieder und Geschichten werden repetiert.

Nachteile von Modell 1

• Die Verantwortung liegt allein bei der Kindergärtnerin. Sie ist die einzige Person, die ein Kind beobachtet und fördert.
• Am Anfang des Schuljahres sind die jüngeren Kinder nach ihrem Kindergartenhalbtag müde. Im Mundartunterricht muss darauf Rücksicht genommen werden.
• Durch den Mundartunterricht erhalten fremdsprachige Kinder eine Sonderrolle und können von den anderen Kindern beneidet werden. Dies kann vermieden werden, indem abwechslungsweise zwei Schweizerdeutsch sprechende Kinder dabei sein können. Sie sind Sprachvorbilder, spielen oder werken mit und erleben, wie Deutsch als Zweitsprache gelernt wird.
• Für die Kindergärtnerin bedeutet der zusätzliche Mundartunterricht eine Mehrbelastung.

Modell 2: Mundartunterricht als Angebot der Mundartlehrerin

Kleingruppe bei der Mundartlehrerin

Die Mundartlehrerin ist eine ausgebildete Kindergärtnerin, die meistens im Teilpensum den fremdsprachigen Kindern in verschiedenen Kindergärten den Mundartunterricht erteilt. Sie hat sich in Weiterbildungskursen für die Arbeit qualifiziert. Der Mundartunterricht findet entweder im Anschluss an die Kindergartenzeit im Kindergartenraum, oder während der Kindergartenzeit in einem speziellen Raum statt.

Völlig ungeeignet ist die Garderobe als Unterrichtsraum. Die Kinder werden aus ihren Spielen im Kindergarten herausgerissen, hören aber trotzdem, was dort vor sich geht. Sie werden durch die Kinder, die zur Toilette müssen, gestört und unterbrochen. Zudem ist es in den wenigsten Garderoben (allenfalls zwischen Stiefeln und nassen Regenmänteln) anregend, zu spielen und zu werken. Oft bleibt in dieser Situation nicht viel anderes übrig, als mit Memories und Bilderbüchern Wörter zu üben!

Wochenpensen

Es werden verschiedene Zeitgefässe pro Woche angeboten:
Zwei Lektionen zu 30 Minuten
Eine Lektion zu 40 Minuten
Eine Lektion zu 60 Minuten.
Für diese verschiedenen Wochenpensen gibt es Vor- und Nachteile:

Zwei Lektionen zu 30 Minuten
Diese haben den Vorteil, dass die Kinder in relativ kurzen Abständen intensiv gefördert werden können. Ein Spiel wird nach zwei Tagen wieder aufgenommen und weitergeführt. Es besteht aber die Gefahr, dass die Zeit zu kurz ist, um in einen guten Kontakt zu kommen.

Eine Lektion zu 40 Minuten
Dieses Pensum ist zu klein.

Eine Lektion zu 60 Minuten
Gute Erfahrungen werden mit einer Lektionsdauer von sechzig Minuten gemacht. Die län-

	Mo	Di	Mi	Do	Fr
08.00					
08.30					
09.00			▓		
09.30					
10.00					
10.30	▓				
11.00					

Zwei Lektionen zu 30 Minuten

	Mo	Di	Mi	Do	Fr
08.00					
08.30					
09.00			▓		
09.30			▓		
10.00					
10.30					
11.00					

Eine Lektion zu 60 Minuten

gere Dauer gibt die Möglichkeit, mit den Kindern etwas aufzubauen, zu entwickeln und zu erarbeiten. Ein Spiel kommt erst richtig in Gang. Dabei kann besser auf die Bedürfnisse der Kinder eingegangen werden.

Die Arbeit der Mundartlehrerin

Die Mundartlehrerin unterstützt auf ganzheitliche Art, mit Spielen, Werken, kleinen Ausflügen oder gemeinsamem Kochen den Zweitspracherwerb.
Für fremdsprachige Kinder ist es besonders wichtig, dass sie die Möglichkeit haben, das auszudrücken, was sie beschäftigt, zu erzählen, was sie erlebt oder wovor sie Angst haben. In der kleinen Gruppe können diese Probleme aufgenommen, ernstgenommen und verbalisiert werden, ohne dass jemand über holperige Formulierungen lacht. Wichtig ist, dass Verständigungsprobleme, die mit Ereignissen zusammenhängen, welche die Kinder beschäftigen, aufgearbeitet werden können.
Im Mundartunterricht kann auf aktuelle Ereignisse eingegangen werden:
Wenn ein Kind bunte Kleider trägt, werden die Farben bestimmt. Spontan wird auf die Jahreszeiten reagiert: Schnee, wenn er schon einmal fällt, muss erlebt und erfühlt werden. Schneebälle werfen, Schneefrauen bauen, kalte Füsse, klamme Finger und rote Nasenspitzen bedeuten Lebens- und Spracherfahrung.

Vorteile von Modell 2

• Die Kinder bekommen eine zweite Lehrkraft, mit der sie arbeiten können, die genug Zeit hat, um auf ihre spezielle Situation einzugehen.
• Die Mundartlehrerin baut oft einen sehr guten Kontakt zu den Kindern auf.
• Es sind zwei Personen, die sich für das Wohlergehen und die Entwicklung des Kindes einsetzen. Beide erleben die Kinder auf andere Art. Sie können einander beraten, Erfahrungen austauschen und bei Problemen gemeinsame Entscheidungen treffen.
• Die kleine Gruppe bildet einen schützenden Rahmen, der den Kindern hilft, frei und unbefangen zu sprechen. Es bleibt Zeit, um nach richtigen Wörtern zu suchen, es gibt viele Möglichkeiten zu kommunizieren. Das spontane Sprechen wird gefördert.
• In kleinen Gruppen wird mit verschiedenen Aktivitäten die Sprache ganzheitlich gelernt.
• Es gibt viele Möglichkeiten, das aufzunehmen, was die Kinder beschäftigt; es wird von Ereignissen, Erlebnissen oder Aufregungen ausgegangen, die die Kinder in den Mundartunterricht mitbringen. Ereignisse aus dem Kindergarten werden aufgenommen, vertieft oder ergänzt.
• Es findet ein Austausch zwischen zwei Institutionen statt. Die fremdsprachigen Kinder bringen Werkarbeiten, Verse und Lieder in den Kindergarten zurück; sie kennen eine Geschichte, die im Kindergarten erzählt wird, bereits vom Mundartunterricht und sind stolz, wenn sie einmal mehr wissen als die übrigen Kinder.

Nachteile von Modell 2

• Einzelne Kinder können sich durch zwei Lehrkräfte überfordert fühlen.
• Die Mundartlehrerin hat wenig Kontakt zu den Eltern; sie ist auf die Aussagen der Kindergärtnerin angewiesen.
• Wenn die Kinder während der Kindergartenzeit in den Mundartunterricht gehen, können sie sich ausgegrenzt fühlen (oft werden sie von den übrigen um den Zusatzunterricht beneidet).
• Auch für die Kindergärtnerin kann die Integration des Mundartkurses in den Stundenplan Nachteile mit sich bringen, weil sie auf die Zeiten des Mundartkurses Rücksicht nehmen muss und beispielsweise bei gutem Wetter keinen spontanen Waldspaziergang unternehmen kann.
• Die Mundartlehrerin ist nicht immer orientiert über die Inhalte des Kindergartenunterrichts und kann nicht beim aktuellen Thema anknüpfen.
• Der Mundartunterricht kann zu kopflastig werden, wenn die Lehrerin keinen geeigneten Raum und zu wenig Material (keine Spiele, Werkbänke) zur Verfügung hat.

Zusammengewürfelte Mundartgruppe

Aus organisatorischen Gründen und um Kosten zu sparen, werden oft Kinder aus verschiedenen Kindergärten zu einer Mundartgruppe zusammengefasst. In dieser Situation ist es besser, wenn der Mundartunterricht eine ganze Stunde dauert, damit sich die Gruppe finden kann und genug Zeit vorhanden ist um Förder- und Spielsituationen zu entwickeln.

Die Mundartlehrerin kann dabei nicht auf den aktuellen Kindergartenthemen aufbauen, sondern behandelt mit der Gruppe eigenständige Themen. Die verschiedenen Kindergärten werden verglichen, was zum spannenden Gesprächsstoff werden kann. Die Kinder sind interessiert zu hören, was im andern Kindergarten erzählt und gespielt wird.

Variante Teamteaching

Eine weitere Form der Zusammenarbeit zwischen Mundartlehrerin und Kindergärtnerin besteht darin, dass die Mundartlehrerin im regulären Kindergarten-Unterricht mitarbeitet.

Während des Freispiels befasst sich die Mundartlehrerin mit einer Gruppe oder einem einzelnen Kind, um Sprachimpulse zu geben und Gespräche anzuregen. Sie hat dabei die Gelegenheit, «ihre» Kinder im Spiel mit den andern kennenzulernen.

Eine derartige Zusammenarbeit ist dann möglich und sinnvoll, wenn der Mundartunterricht für eine gewisse Zeit oder für ein spezielles Thema in den Kindergarten integriert wird. Dabei muss für die einzelne Gruppe mindestens eine Stunde zur Verfügung stehen. Kindergärtnerin und Mundartlehrerin sind gemeinsam für die Planung des Freispiels verantwortlich.

Modell 3: Integrierter Unterricht

Die Förderkindergärtnerin kommt

Beim Integrierten Modell werden die Kinder von einer zweiten Fachfrau, der Förderkindergärtnerin in der Zweitsprache gefördert innerhalb des Kindergartens. Dieses Modell wird im Kanton Bern bereits seit 1985 in Kindergärten mit mehreren fremdsprachigen Kindern angeboten. Im Kanton Zürich läuft in einer Vorortsgemeinde ein Versuch.
Die Förderkindergärtnerin ist eine ausgebildete Kindergärtnerin, die sich für ihre Arbeit mit fremdsprachigen Kindern fortgebildet hat.
An zwei Vormittagen pro Woche führen Regelkindergärtnerin und Förderkindergärtnerin den Kindergarten gemeinsam. Im Teamteaching arbeiten beide gleichzeitig im Kindergartenraum zum selben Thema. Sie bereiten den Unterricht auch gemeinsam vor. Die Förderkindergärtnerin ist somit selbstverständlich am Kindergartenalltag beteiligt. Durch diese Zusammenarbeit kann sich jede nach Bedarf intensiv einzelnen Kindern oder kleineren Kindergruppen zuwenden, um fremdsprachige wie einheimische Kinder individuell zu fördern.

	Mo	Di	Mi	Do	Fr
08.00					
08.30					
09.00					
09.30					
10.00					
10.30					
11.00					

Das integrierte Modell verlangt also eine enge Zusammenarbeit der beiden Kindergärtnerinnen. Optimal ist es, wenn sie auch in ihrer pädagogischen Haltung und ihren erzieherischen Zielsetzungen übereinstimmen. Aus diesem Grund ist es sinnvoll, wenn die Kindergärtnerin Mitsprache bei der Wahl ihrer Kollegin hat.
In einem Vorort von Zürich, in dem ein integriertes Modell erprobt wird, treffen sich die verschiedenen Kindergärtnerinnen-Teams zu monatlichen Gruppensitzungen mit einer Beraterin, um ihre noch nicht erprobte Berufsrolle im Zweipädagoginnensystem zu reflektieren. Sie besprechen und beraten die neuen Beziehungsformen, die Möglichkeiten der Zusammenarbeit sowie allfällig auftauchende Schwierigkeiten. Die Beraterin wird von der Schulgemeinde finanziert.

Erfahrungen der Förderkindergärtnerinnen

Die Förderkindergärtnerinnen in einem Modell-Versuch im Kanton Zürich waren zuvor als Mundartlehrerinnen mit den gleichen Kindern tätig. Sie vergleichen die beiden Arbeitsweisen und kommen zu folgenden Schlüssen:

«*Wir kennen die Kinder heute viel besser, haben eine intensivere Beziehung zu ihnen, wir sind im Kindergarten integriert. Dadurch wissen wir von jedem Kind genauer, wo die jeweiligen Bedürfnisse und Schwierigkeiten liegen, wann es etwas verstanden hat und wann nicht.*
Wir können mit einem Kind Sprache aus der Situation heraus üben, können ständig überprüfen, auf Erlebtes und Besprochenes zurückgreifen.
Wir kennen das jeweilige Thema sehr gut. Dies bringt den Riesenvorteil, die Sprachförderung

Formen der Zusammenarbeit

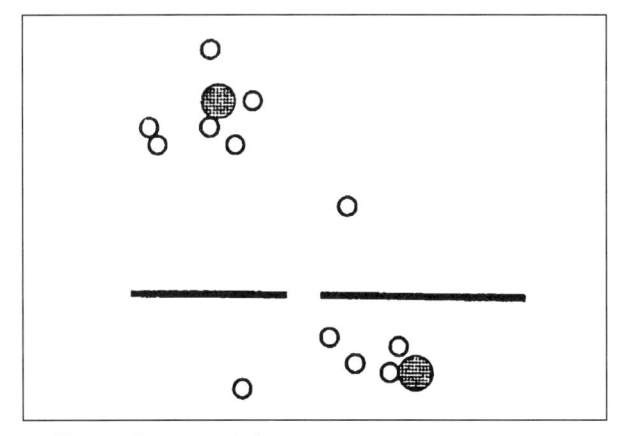

Auffangzeit / Freispiel
Die eine Kindergärtnerin empfängt die Kinder in der Garderobe, spricht und spielt mit ihnen. Die andere empfängt die Kinder im Kindergartenraum, führt mit ihnen Gespräche und lässt sie spielen.

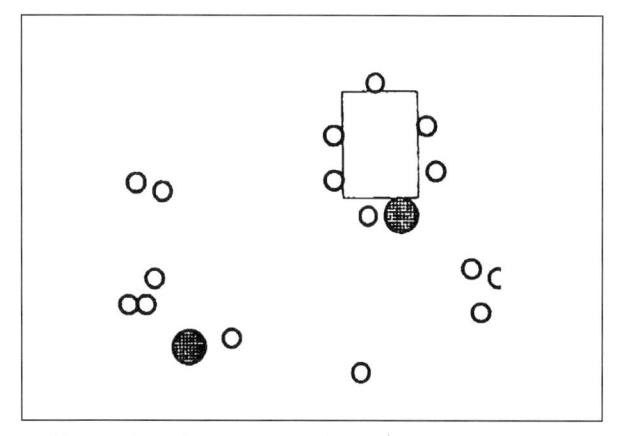

Auffangzeit / Kleingruppenaktivität
Die eine Kindergärtnerin empfängt die eintreffenden Kinder. Die andere zieht ein paar Kinder zu einer Kleingruppenaktivität zusammen.

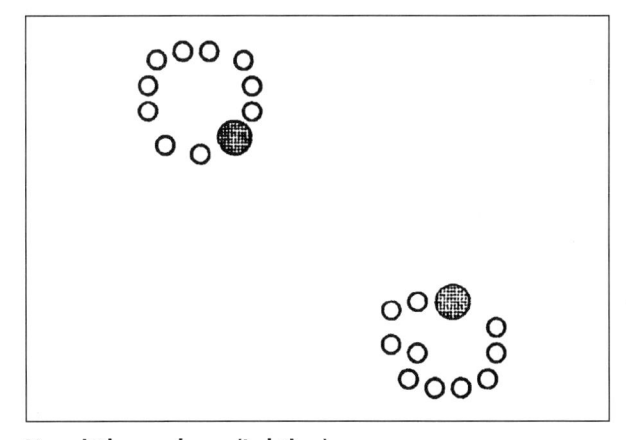

Vermittlungsphase (Lektion)
Geführte Aktivitäten zum selben Thema, mit gleichen oder ähnlichen Materialien, in zwei Halbgruppen. Zum Schluss findet sich die ganze Kindergartengruppe im Kreis zusammen und tauscht gegenseitig ihre Erfahrungen in den Halbgruppen aus.

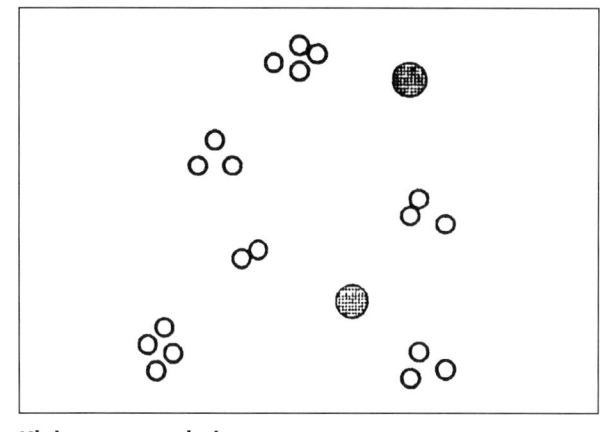

Kleingruppenarbeit
Die Kindergärtnerinnen stellen den vier bis fünf Kindergruppen je eine Aufgabe, die diese miteinander lösen. Die Kindergärtnerinnen beobachten und geben bei Bedarf Hilfestellungen.

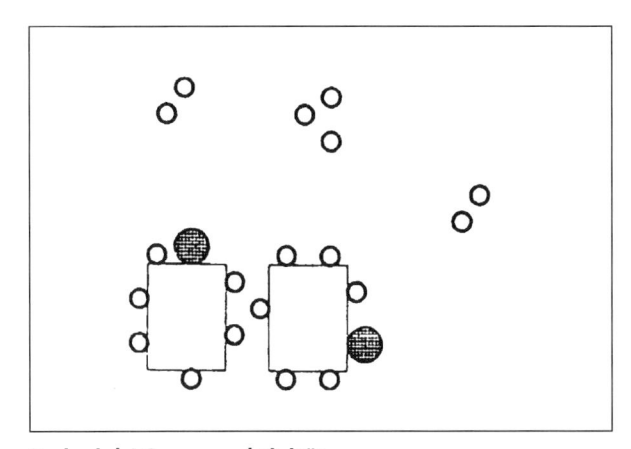

Freispiel / Gruppenaktivitäten
Jede Kindergärtnerin leitet eine Kindergruppe im Spiel oder Basteln an. Die anderen Kinder spielen frei und werden nach Bedarf von einer der beiden Kindergärtnerinnen betreut.

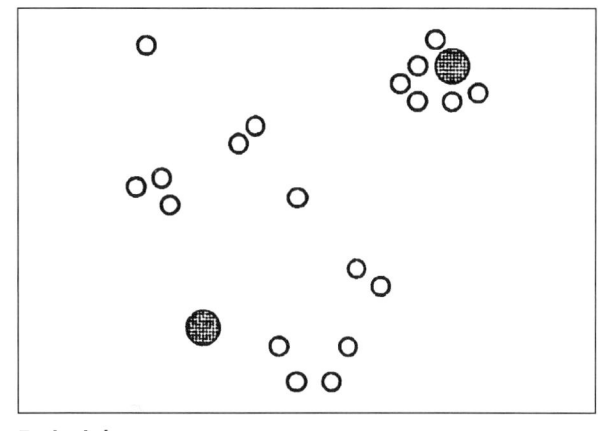

Freispiel
Eine Kindergärtnerin macht beim spontanen Rollenspiel eines Kindes oder einer Kindergruppe mit. Die andere betreut die Kinder im Freispiel.

Aus dem Modellversuch im Kanton Zürich

mit dem gezielten Wortschatz zu den laufenden Erlebnissen durchführen zu können.

Wir können die Kindergartenzeit voll nutzen, ständig sprachhandelnd aktiv sein. Die Sprachförderung fügt sich harmonisch in Aktivitäten des Kindergartens ein. Die Kinder bleiben im Raum oder in den Räumen des Kindergartens, bleiben in der «Welt» und im Thema, in dem sie gerade leben.

Wir haben alles zur Verfügung, was im Raum ist. Die fremdsprachigen Kinder verlassen die Kindergartenräumlichkeiten nicht und bleiben in der Gruppe integriert.

Wir können uns bei Bedarf auch sehr gut einem einzelnen Kind zuwenden oder es der Kindergärtnerin ermöglichen, dies ihrerseits zu tun, wenn es nötig ist. Alle Kinder, ob schweizerischer oder anderer Herkunft, profitieren durch die Anwesenheit der beiden Kindergärtnerinnen genau gleich.»

Gute Noten für integriertes Modell

Das Zitat aus dem Bericht zum Modell im Zürcher Vorort macht deutlich, dass das integrierte Modell eine optimale Voraussetzung für die Integration und die Sprachförderung schafft:

«Durch die Anwesenheit von zwei Kindergärtnerinnen können für die einzelnen Kinder mehr Sprechanlässe geschaffen werden. Sie werden in mehr Aktivitäten einbezogen, bei denen sie zum Hinhören und Sprechen aufgefordert sind.

Die Kommunikation wird angeregt. Gehörtes kann aufgegriffen, besprochen und vertieft werden. Es entstehen mehr verschiedene Wiederholungs- und Übungssituationen. Dazu kommt, dass zwei Erwachsene als gut sprechende Sprachvorbilder im Kindergarten anwesend sind. Sie haben einen gemeinsamen «roten Faden», mit dem sie auf dieselben Ziele hinarbeiten. Weiter haben die Kindergärtnerinnen zu zweit bessere Beobachtungsmöglichkeiten, was dem Erfassen des Sprachstandes der Kinder dienlich ist. Von dieser Art der Sprachförderung profitieren alle Kinder, die einheimischen ebenso wie die fremdsprachigen. Sie schafft keine Aussenseiter und keine Benachteiligte.»

Nachteil: Kosten

Da die Förderkindergärtnerin an zwei Halbtagen und nicht nur für einzelne Stunden im Kindergarten mitarbeitet, ergeben sich höhere Kosten. Diese liessen sich allerdings durch die grossen pädagogischen Vorteile rechtfertigen.

Modell 4: Zwei Unterrichtssprachen

Variante A: Zweisprachigkeit für alle Kinder

In der Kindergartenklasse sind Kinder von zwei Sprach- und Kulturgruppen. Sie wird von zwei Kindergärtnerinnen geführt, die je einer Sprach- und Kulturgruppe angehören. Die Zweisprachigkeit ist das Ziel für alle Kinder.

Diese Variante eignet sich in Städten und Gemeinden, die zweisprachig sind, oder wenn bei der Mehrheitsbevölkerung genügend Interesse für die Minderheitssprache besteht (etwa Italienisch in Basel) und die Minderheitsgruppe genug gross ist, um einen halben Kindergarten zu füllen.

Voraussetzung ist eine enge und gute Zusammenarbeit der beiden Fachfrauen, die gezielt auf eine Durchmischung der Sprachgruppen hinarbeiten. Jede Kindergärtnerin ist Bezugsperson für alle Kinder. Sie erzählen, singen, spielen und lernen mit den Kindern in beiden Sprachen.

In diesem Modell können beide Sprachen optimal gefördert werden, indem die Kinder alle Hilfen und Anregungen in der eigenen Muttersprache erhalten und gleichzeitig durch Kontakte mit Kindern der andern Sprache und der zweiten Kindergärtnerin sanft in die Zweitsprache hinein wachsen.

Variante B: Zweisprachiger Kindergarten – eine gemeinsame Sprache

In der Kindergartenklasse sind Kinder aus zwei Sprach- und Kulturgruppen. Es gibt aber nur eine Zielsprache: die Sprache der Sprachregion (bei uns Schweizerdeutsch). Der Kindergarten wird von zwei Kindergärtnerinnen geleitet, beispielsweise von einer Deutschschweizerin und einer Türkin, wobei die Hauptverantwortung bei der ersteren liegt. Die fremdsprachige Kindergärtnerin kann auch teilzeitlich arbeiten.

Dieses Modell eignet sich in Quartieren und Gemeinden, in denen eine grössere Anzahl Kinder der gleichen Fremdsprache neben deutschsprachigen Kindern aufwachsen. Alle Kinder müssen Deutsch lernen. Mit der zweiten Kindergärtnerin werden die fremdsprachigen Kinder auch in der Entwicklung ihrer Muttersprache unterstützt. Sie erzählt Geschichten und repetiert den im Kindergarten aktuellen Wortschatz in der Muttersprache. Sie sorgt aber auch für gute Kontakte zu den anderssprachigen Kindern und zur andern Kindergärtnerin. Sie unterstützt die Integration der Kinder, indem sie auch die anderssprachigen Kinder mit Spielen, Versen und Liedern für ihre Sprache zu interessieren versucht.

Die fremdsprachige Kindergärtnerin ist eine wichtige Hilfe für die Zusammenarbeit zwischen Eltern und beiden Kindergärtnerinnen. Sie berät die Eltern in Fragen der Erziehung in der Emigration.

Variante C: Mehrsprachiger Kindergarten – eine gemeinsame Sprache

Kinder verschiedener Muttersprachen sind zusammen in einem Kindergarten, der von einer Schweizerdeutsch sprechenden Kindergärtnerin geleitet wird. Zielsprache ist Schweizerdeutsch. Kindergärtnerinnen der verschiedenen Muttersprachen der Kinder arbeiten teilzeitlich im Kindergarten mit. Die Rolle der fremdsprachigen Kindergärtnerin entspricht derjenigen einer Lehrerin für die Kurse in heimatlicher Sprache und Kultur. Ihre Kurse sind aber in den Kindergarten integiert. Die fremdsprachigen Kindergärtnerinnen unterstützen die Entwicklung in der Muttersprache, erzählen die im Kindergarten auf Deutsch gehörte Geschichte in der Muttersprache und helfen so dem Kind beim Einstieg in die neue Sprache. Sie unterstützen die Integration der Kinder ihrer Sprachgruppe, indem sie ihnen helfen, einen Zugang zu den andern Kindern zu finden. Sie bemühen sich darum, dass im Kindergarten auch ihre Muttersprache und Kultur einen Platz finden, indem sie der ganzen Gruppe einen Vers lehren, ein Spiel zeigen, eine Geschichte aus ihrer Kultur erzählen. Eine wichtige Arbeit ist die Unterstützung der Zusammenarbeit zwischen Eltern und Kindergarten; sie übersetzen und beraten.

Eine Voraussetzung für diese Variante ist eine gute Zusammenarbeit der verschiedenen Kindergärtnerinnen. In multikulturellen Kindergruppen braucht es eine gute Organisation, da ja nicht mehrere Kindergärtnerinnen gleichzeitig die Kinder erziehen können.

Literaturverzeichnis

Theoretische Grundlagen

Manfred Hohmann/ Hans Reich: Ein Europa für Mehrheiten und Minderheiten. Diskussionen um interkulturelle Erziehung. Münster: Waxmann Wissenschaft 1990. 320 S.

Hartwig Berger/Ruthild Grosshennig/Dietrich Schirmer: Von Ramadan bis Aschermittwoch. Religionen im interkulturellen Vergleich. Weinheim: Beltz 1989. 95 S. (Beltz praxis). Interkulturelle Erziehung in der Grundschule

Marina Frigerio Martina/Simone Burgherr: Versteckte Kinder. Zwischen Illegalität und Trennung. Saisonnierkinder und ihre Eltern erzählen. Nachwort Jürg Jegge. Luzern: Rex 1992. 94 S.

EDK (Schweiz. Erziehungsdirektorenkonferenz): Empfehlungen zur Schulung der fremdsprachigen Kinder vom 24. Okt. 1991. 2 S.

Cristina Allemann-Ghionda/Vittoria Lusso Cesari: Schulische Probleme von Fremdarbeiterkindern: Ursachen, Massnahmen, Perspektiven. 2. Aufl. Aarau: Schweiz. Koordinationsstelle für Bildungsforschung 1988. 84 S.

Anke Fedrowitz: «Deine Türken werden ganz schön frech». Düsseldorf: Pädagogischer Verlag Schwann-Bagel 1985. 142 S. Tagebuchartiger, sehr lebensnaher Bericht einer Deutschlehrerin für neueingereiste fremdsprachige Kinder.

Silvia Hüsler: Kinder ausländischer Familien im Kindergarten. Grundlagen und Beispiele. 2. Aufl. 1986. Verein KindergärtnerInnen Schweiz. 160 S. Anregungen und Grundlagen für die konkrete Arbeit im Kindergarten (vergriffen).

Andrea Lanfranchi/Thomas Hagmann: Immigrantenkinder. Plädoyer für eine integrative Pädagogik. Luzern: Edition SZH 1992. 176 S. (Schriftenreihe des Heilpädagogischen Seminars Zürich, Bd 5)

Priska Furrer/Romano Müller: Kinder aus der Türkei. Handbuch für die Arbeit mit türkischen Kindern und Jugendlichen und deren Eltern. Münchenbuchsee: Interkantonale Arbeitsgruppe «Interkulturelle Erziehung – Türkisches Kind», 1992.

Andrea Lanfranchi: Immigranten und Schule. Transformationsprozesse in traditionalen Familienwelten als Voraussetzung für schulisches Überleben von Immigrantenkindern. Opladen: Leske und Budrich 1993. 300 S.

Barbara Puhan-Schulz: Wenn ich einsam bin, fühle ich mich wie acht Grad minus. Kreative Sprachförderung für deutsche und ausländische Kinder. Weinheim: Beltz 1989.

Eduard Müller: Integration türkischer Kinder in den Kindergarten – Ist Sexualerziehung ein Tabu? Ein Erfahrungsbericht. Köln: Kohlhammer 1984. 64 S.

Zeitschrift: InterDialogos. Ideen, Erfahrungen, Nachrichten für die interkulturelle Erziehung in der Schweiz. Postfach 1747, 2002 Neuenburg.

Hilfsmittel für die Sprachförderung im Vorschulalter

Franca und Mehmet im Kindergarten. Schweizerdeutsch für fremdsprachige Kinder. Zürich: Lehrmittelverlag des Kantons Zürich 1987. 176 S.

Duden. Mein erstes Wörterbuch. Von Angela Wilkes und Nina Schindler. Mannheim: Dudenverlag 1992. 64 S.

Patricia Büchel: alltäglich – tagtäglich. Sprach- und Kommunikationsförderung in Kindergarten und erster Klasse. Zürich: Kantonaler Lehrmittelverlag 1991. 48 S.

Halime Bayam u.a.: Von Ampel bis Zimmermann. Fünfjährige Kinder aus der Türkei lernen Deutsch. Weinheim: Beltz 1990.

Materialien für den Einbezug verschiedener Muttersprachen

Bücher in zwei Sprachen

Es war einmal, es war keinmal... Multikulturelles Lese- und Arbeitsbuch. Michaela Ulich/Pamela Oberhuemer. Weinheim: Beltz praxis 1985. Sammlung von Geschichten und Märchen aus Spanien, Italien, Portugal, Griechenland, der Türkei und dem ehemaligen Jugoslawien (Kroatisch, Serbisch, Slowenisch, Serbokroatisch). Alle Geschichten sind auf Deutsch übersetzt und z.T. in den Originalsprachen aufgeführt. Sie eignen sich für den Gebrauch im Kindergarten. Kopien von einzelnen Geschichten können den Eltern gegeben werden.

Tres tristes tigres... Drei traurige Tiger... Silvia Hüsler. Freiburg i.Br.: Lambertus 1987. Neben Kinderversen in verschiedenen Sprachen und einzelnen Geschichten zur Zweisprachigkeit wird das Märchen der Bremer Stadtmusikanten auf Deutsch, Italienisch und Türkisch erzählt.

Nana Luisa, das Zwergenmädchen. Silvia Hüsler. Zürich: Verband Lehrerinnen und Lehrer Schweiz, 1989 (Zu beziehen beim Lehrmittelverlag des Kt. Zürich). Geschichte vom italienischen Hauszwerg, der aus Versehen in die Schweiz gelangt. Auf einem Beiblatt ist der Text in italienischer Sprache abgedruckt.

Der kleine Nasrettin. S. Akillioglu/C. Okan. Hamburg: buntbuch. Zweisprachiges Bilderbuch (türkisch/deutsch), von Nasreddin Hoddscha, dem türkischen Eulenspiegel.

«Arzu». Silvia Hüsler. Lehrmittelverlag des Kt. Zürich 1990. Geschichte vom türkischen Mädchen Arzu, das mit seiner Freundin Christine und dem Bruder Ali mit einem Drachen in die Türkei zu den Grosseltern fliegt. In einer Beilage auch auf Türkisch erzählt.

Grimm-Märchen. Die bekannten Grimm-Märchen wurden in viele Sprachen übersetzt. Manche Grimm-Märchen sind auch fremdsprachigen Eltern bekannt. Zudem sind viele Märchen aus fremden Ländern auch auf Deutsch erhältlich.

Zweisprachige Geschichten auf Tonbandkassetten

Kassetten. Bei den zweisprachigen Hörspielen sprechen die einen Personen Deutsch, die andern Italienisch oder Türkisch. Ein Erzähler führt durch die Geschichte, sodass sie von deutschsprachigen Kindern verstanden werden können trotz der italienischen oder türkischen Gesprächsteile. Alle folgenden Kassetten sind bei Beltz erschienen. Weinheim: Beltz praxis.

Kellogan und der Riese. Türkisch/Deutsches Hörspiel.

Eins von mir, eins von dir – bir benden, bir senden. Türkische und deutsche Lieder, Kinderspiele, Rätsel, Erzählungen.

Prezzemolina und der verzauberte Kater. Italienisch/Deutsches Hörspiel.

Befana flickt den Hexenbesen. Italienisch/Deutsches Hörspiel.

Verse und Lieder in verschiedenen Sprachen

Der Fuchs geht um... auch anderswo. Multikulturelles Spiel- und Arbeitsbuch. M. Ulich/P. Reidelhuber. Weinheim: Beltz praxis, 1987. Kinderkultur aus der Türkei, dem ehemaligen Jugoslawien, aus Griechenland, Italien, Spanien und Portugal; Spiele, Tänze, Geschichten, Reime, Rätsel.

Kinderverse aus vielen Ländern. Al fin Serafin... Silvia Hüsler. Zürich: Atlantis Kinderbücher bei Pro Juventute und Unicef 1993. Kinderverse aus 36 verschiedenen Sprachen. Original und Übersetzung. Mit Kassette.

Liederwelt. Kinderlieder für den interkulturellen Unterricht. Silvia Hüsler/Susanne Privitera. Zürich: Verein Kindergärtnerinnen Schweiz 1990. Neue Auflage 1993, mit Kassette (vergriffen).

So singt und spielt man anderswo. Klaus W. Hoffmann. Dortmund: Aktive Musik 1992. (1.Aufl. 1986). Dazu Kassette.

Informationen zu Kinder- und Jugendbüchern

Kinder- und Jugendbücher, eine mehrsprachige Bibliographie. Die Abteilung Ausländerpädagogik der Erziehungsdirektion des Kantons Zürich hat 1988 mit den Lehrerinnen und Lehrern für heimatliche Sprache und Kultur eine Broschüre herausgegeben, in der die wichtigsten Kinderbücher ihrer Herkunftsländer sowie Angaben zum Bezug der Bücher zusammengestellt wurden. Erhältlich bei der Erziehungsdirektion des Kt. Zürich, Pädagogische Abteilung, Bereich Ausländerpädagogik.

Im andern Land. Kinderbücher als Verständigungshilfe zwischen ausländischen und Schweizer Kindern. Das Schweizerische Jugendbuchinstitut hat 1993 eine Broschüre aktualisiert und herausgegeben, in der sämtliche deutschsprachigen Kinder- und Jugendbücher vorgestellt werden, die sich mit den Themenkreisen Ausländische Kinder, Integration, Herkunftsländer befassen.
Fremde Welten. Kinder- und Jugendbücher zum Thema Dritte Welt und ethnische Minderheiten, empfohlen von den Lesegruppen der Erklärung von Bern. Zürich: Erklärung von Bern 1991.